MEWN UN
CORNEL

Cip ar fywyd cefn gwlad

Wil Griffiths (Dyn y Mêl)

Argraffiad cyntaf: 2014

Cyhoeddwyd gan Wasg Carreg Gwalch,
12 Iard yr Orsaf, Llanrwst, Conwy, LL26 0EH.
Ffôn: 01492 642031 Ffacs: 01492 641502
ebost: llyfrau@carreggwalch.com
lle ar y we: www.carreggwalch.com

Rhif rhyngwladol: 978-1-84527-472-6

Mae'r cyhoeddwr yn cydnabod cefnogaeth ariannol
Cyngor Llyfrau Cymru

Cynllun clawr: Eleri Owen

I Mair am wrando

I Hywel a Dylan – i gofio

*I Leis, Gwynne, Lewis, Ann, a'r diweddar Jane
am fod yn rhan o'r cyfan*

Rhagair

Enwogion, pobl gefnog a gwleidyddion (ac ambell ddrwgweithredwr!) gaiff gofiant wedi ei ysgrifennu amdanynt gan amlaf, a hynny ar ôl iddynt farw; cyhoeddir hunangofiant pobl bwysig tra byddant ar dir y byw. Byddai'r sinig mae'n siŵr yn barod i gyplysu'r cyfan gyda'i gilydd yn bwdin o'r un badell.

Gobeithiaf nad oes arlliw o hynny yma, er bod 'y fi' yn ymddangos o bryd i'w gilydd ond ar y cyrion yn unig y mae, ac felly y dylai fod, gan nad oes iddo nac effaith na rhan, yn ddim ond bachyn i hongian rhywbeth gwell wrth ei gilydd.

Cipolwg yw'r gyfrol ar fynd a dod bywyd syml ardal wledig Gymraeg a Chymreig – lle sy'n dal i fod felly hyd heddiw, i ryw raddau, os edrychwch ar berchenogaeth ffermydd y fro – ardal na chlywir fawr sôn amdani mewn llun na phapur, mewn cwrt nac ar y newyddion.

Edrychir, fel trwy chwyddwydr, ar un cyfnod bach ym mywyd yr ardal, gan ymestyn tipyn arni er mwyn gweld rhwng y craciau a chael cip ar y da a'r drwg mewn buchedd a gweithred. Rhyw chwythu a sgubo llwch amser ymaith o'r ffordd er mwyn gweld beth sydd oddi tano.

Nid oes yma neb enwog nac ychwaith neb a fu iddo enwogrwydd, dim ond bywyd mewn dillad gwaith, yn ei symlrwydd, ei ddaioni a'i bechod ar brydiau. Deiliaid oes a aeth heibio yw llawer, heb adael dim ar ôl ond enw ar, neu a fydd, ar garreg fedd, ond heb sicrwydd o hynny chwaith. Ffrwyth treigl amser o wanwyn hyd aeaf.

Nid oes yma benodau; llinyn yw bywyd, gyda dechrau, wrth gwrs, a diwedd hefyd. Mae byw yn gyfnod di-fwlch a hwnnw'n glymau o lawenydd, hiraeth, sentiment a thristwch – un gymysgfa fawr o elfennau bywyd yng nghôl amser.

Cefais fy annog gan lawer i roi rhywbeth ar bapur cyn i amser ddifa a rhidyllu'r cof, a chan mai hwnnw yw'r meistr a'r symbyliad dyma geisio achub y blaen arno. Ceisiais gadw at gywirdeb y digwyddiadau fel y gwelais ac y cofiais i nhw, ond mae'n siŵr y cânt eu geni yng nghof eraill ychydig yn wahanol, efallai. Ymddiheuraf os yw dychymyg ar brydiau wedi gadael ôl ei frwsh yma ac acw, ond dyfrlliw gwan yn unig yw hynny. Newidiais ambell enw hwnt ac yma, gan na chwenychais darfu ar breifatrwydd perthnasau ambell deulu ac ni fwriedais gam-drin neb.

Cafodd rhan ganol y gwaith ei wobrwyo mewn cystadleuaeth gan Gymdeithas Hanes Amaethyddiaeth Ceredigion ac rwy'n ddiolchgar i'r Gymdeithas honno am gael y cyfle i ysgrifennu. Diolch i'r Doctor Twm Elias am ei feirniadaeth ar noson y gwobrwyo ac am roddi, trwy hynny, hwb pellach i'r gwaith.

Mae fy niolch yn arbennig i Wil Penciog am gael benthyg lluniau a dogfennau o Tan-llain; i Rhiannon Argoed; Ann Lletygwyn; a Meri Maes yr Haf ac aelodau eraill o'r teulu am eu cymorth hwythau. Diolch i'm cyfaill Dewi Morris Jones a fu'n 'crafu'n lân' (a defnyddio gair cyn'ia gwair) ond os oes blewyn drwg ar ôl, fy eiddo i yw hwnnw.

Ac yn olaf fy niolch i Nia am bob awgrym a chymorth ac i Wasg Carreg Gwalch am lendid y cyhoeddi.

Amser i ddysgu

Yng Nghornelofan y tynnais i fy anadl gyntaf ar ôl cael y slap draddodiadol ar fy mhen-ôl – nid yr unig un a ddaeth i'm rhan – ac rwyf wedi anadlu byth oddi ar hynny. Ches i ddim dewis y man na'r lle, na sut, ddim mwy nag a gafodd unrhyw frenin neu frenhines ac felly, yn hyn o beth roeddwn gydradd â'r mawrion. Pe byddwn wedi cael dewis, yna byddwn wedi dewis yr un man a'r lle, bob tro. Cael fy ngeni i gymdeithas ac iddi furiau – muriau iaith, muriau cymdeithas, muriau parch a chydymdeimlad, lle'r oedd drwg yn ddrwg a da yn rhywbeth i'w glodfori. Dod yn Gymro, eto heb ddewis, a gadael yn Gymro gobeithio, o ddewis.

Cornelofan oedd fy nghyfeiriad ar dudalen flaen pob llyfr a feddwn pan oeddwn yn blentyn, boed Destament neu Lyfr Emynau, ond gan fy mod yn imperialydd bryd hynny, roeddwn yn ychwanegu

'Prydain Fawr' ato, a gorffen gyda 'Y Byd', yn brawf fod 'mawredd' fy ngeni yn fy ngwneud yn ddinesydd o hwnnw hefyd!

Enw rhyfedd ar gartref oedd Cornelofan, ond nid cartref yn unig chwaith. Ceir gweld yn nes ymlaen ei fod yn enw ar ardal fechan yn hytrach nag enw tŷ yn unig. Mae'n enw sy'n haeddu esboniad. Bydd rhai yn ceisio dweud mai Cornel Ifan oedd y gwreiddiol am fod 'Nhat-cu wedi byw yno am gyfnod go faith a'i fod yn weddol adnabyddus gan fod ganddo frêc neu fan i gario pobl hwnt ac yma, ond yn arbennig i dref Aberystwyth, ddwywaith yr wythnos. Na, mae'r enw dipyn yn hŷn. Y stori a glywyd – ac mae'n fwy na phosibl ei bod yn wir – yw hon. Yn hanner cyntaf y bedwaredd ganrif ar bymtheg roedd efail y gof yno (mae'r olion yn amlwg o hyd yn yr adeiladau) ac roedd y gof wedi cweryla gydag amaethwr lleol. Wrth i'r amaethwr ddychwelyd un noson ar gefn ceffyl mae'n debyg bod y gof wedi codi ofn ar y ceffyl, peth rhwydd i'w wneud gyda gwreichion tân, ac o ganlyniad cafodd y marchog ei ladd. O ystyried digwyddiad o'r fath mae'n rhesymol y byddai rhyw gyfeiriad yn rhywle at hyn ond ni ddaeth dim i'r golwg mewn unrhyw adroddiad llys barn er i mi chwilio'n ddyfal. Pwy a ŵyr; efallai na fu yno unrhyw elyniaeth ac mai anffawd oedd y cyfan?

Rown i'n bedair blwydd a hanner oed ac wedi syrthio mewn cariad. Eilun fy serch oedd Miss

Williams, athrawes y plant bach yn ysgol Llangwyryfon, neu Langwrddon ar lafar gwlad, a hynny ar y diwrnod cyntaf yn yr ysgol. Trueni'r cyfan oedd ei bod hi o fewn blwyddyn i briodi pregethwr Methodist, gan fy ngadael i mewn hiraeth dwys!

Ar wahân i rai digwyddiadau, ychydig a gofiaf am y blynyddoedd cyntaf yn yr ysgol, nid am fod fy nghariad wedi fy ngadael ond am mai undonog iawn fu'r dyddiau. Dysgais farddoniaeth am ryw rosyn a deil ambell linell ohoni yn fy nghof o hyd, er eu bod yn anghywir. Cofiaf gymalau megis '*reflect back your brushes*', er mai '*blushes*' ddylai hwn fod mae'n debyg, a'r cymal '*left blooming alone*'. Rhown bwyslais mawr wrth lafarganu'n barhaus y gair *blooming* gan ei fod yn un o eiriau 'safonol' gweision ffermydd. Mae'n debyg bod gennyf ddiddordeb mawr yn eu geiriau 'safonol' hwy, yn ogystal â'r gallu i boeri ar ddiwedd pob brawddeg! Cymaint oedd y diddordeb fel y byddai 'Nhat-cu, na fedrai ddioddef unrhyw fath o regi, yn dweud, 'Ma'r crwt 'ma wedi mynd i regi'n ofnadw wedi dechrau'r ysgol.' Roedd hi'n amlwg nad oedd ganddo yntau, mwy na finnau, grap ar y farddoniaeth Saesneg. Wedi meddwl, pwy gafodd y syniad y byddai'r fath farddoniaeth yn addas i blant o Gymry Cymraeg pump oed? Ond rhaid brysio i achub cam yr ysgol; camfeirniadaeth fyddai datgan fod arlliw trwm o addysg Seisnig yn perthyn iddi. Fel arall oedd y gwir.

Roedd gan fy mrawd hynaf a minnau ddwy chwaer hŷn yn yr ysgol a nhw fyddai'n gofalu amdanom ac i raddau yn ymladd ein brwydrau, achos roedd bywyd bechgyn pedair a phum mlwydd a hanner oed yn frwydr ddigon caled yn aml. Byddent yn cofio bob bore dydd Llun pan fyddai'n rhaid i'r plant bach fynd â darn o ddefnydd i'r ysgol er mwyn sychu'r slaten. Roedd pentwr o'r slatiau yng nghhornel yr ystafell ac fe gaent eu dosbarthu'n swnllyd pan fyddai angen gwneud rhyw fath o symiau neu ysgrifennu. Roedd dau ohonom wedi dechrau'r ysgol yr un diwrnod ac wedi cael ein rhoi i eistedd ar ryw ddesg fach isel dan drwyn Miss Williams. Roedd yr agosatrwydd hwn yn bwysig er mwyn iddi hi allu rhagdybio pryd y byddai angen galw ar un o blant hŷn y dosbarth i arwain y bychan i'r tŷ bach o bryd i'w gilydd. Ni ragdybiai'n gywir bob amser serch hynny a byddai'n siŵr o glywed, yn hwyr neu'n hwyrach, 'Plîs Miss, ma' fe wedi pis... 'di glychu'i drowsus,' cyn i'r pechadur bach gael ysgytwad da am y pechu, gan wlychu mwy fyth gan ofn!

Os byddai llechen wedi torri neu gracio yn nwylo ambell Foses byddai'r rhai hynny'n cael eu rhoi i ni'n dau gan fod angen y rhai cymen ar y plant hŷn. Roedd y rhain yn ddigon da i ni'n dau dynnu rhyw fath o lun gyda'r pensil slat. Gwaith swnllyd oedd 'sgrifennu ar y slaten gyda phob atalnod llawn fel ergyd gwn a phrin gadael ei ôl a wnâi er hynny. Roedd y llythrennau, oedd yn mynd i fyny ac i lawr, yn magu sgrech o'r pensil a hwnnw'n rhincian dannedd a byddai aml i wall yn cael eu cywiro gyda phoerad slei a rhwbiad blaen bys.

Byddai ymyl ambell lechen, ar ôl torri, yn finiog fel cyllell ac fe'n dysgwyd yn gynnar fod colli gwaed yn rhan o wir ddysg. Roedd y weiren fain a fyddai wedi torri o gwmpas ffrâm y slaten hefyd yn beryglus i'r diofal, yn enwedig wrth fynwesu'r slaten rhag llygaid y rhai oedd am gopïo neu wneud hwyl ar ben y llun neu'r ysgrifen. Proses gymhleth oedd tynnu llun i ddwylo mor fach gan fod y pensil cyn feined â choes robin goch ac yn amhosibl cael gafael arno'n iawn. Byddai'r pensiliau'n torri'n aml, yn enwedig pan fyddai'r tafod allan er mwyn defnyddio holl bwysau bôn braich arnynt, i gael rhyw fath o farciau ar y slaten. Y pytiau pensiliau hyn oedd yr adladd i'r plant bach gan y byddai'r plant mwyaf wedi dewis y goreuon trwy fynych binsio, tynnu gwallt a bygwth dwrn. Cofiaf yn dda yr ymarfer, ar ôl rhai misoedd, o geisio torri ein henwau. Ar ôl llenwi'r llechen â'r traed brain – a oedd yn mynd yn fawr ac yn fach wrth golli gafael ar y pwt pensil – byddai'n rhaid glanhau'r llechen ac ailddechrau eto. Ni fu erioed y fath ganolbwyntio, y fath golli chwys ac ysgwyd y styffni o'r llaw.

Yng nghornel yr ystafell, ar bwys lle cysgai'r llechi, pan na fyddai eu hangen, roedd bwced yn hanner llawn o ddŵr glân – wel, glân fore Llun ond nid dyna'r disgrifiad ohono erbyn dydd Gwener. Yn nofio ar wyneb y dŵr ceid rhyw hanner dwsin o sbwnjys o faint darn pum deg ceiniog, er mwyn golchi'r slaten yn lân cyn dechrau ar ryw dasg newydd. Ni fu arogl tebyg i arogl y bwced hwnnw erioed. Roedd y sbwnjys wedi hen hiraethu am wely cynnes Cefnfor India, eu magwrfa, gan raddol bydru ym mwcedaid dŵr afon Wyre a hwnnw wedi ei gymysgu â gweddillion aml boerad a sleim llawer llawes! Pwrpas y darn defnydd ar fore Llun oedd sychu'r dŵr hwn oddi ar y slaten, ond yn ofer gan fod poeri a sychu gyda llawes yn gynt o lawer a thipyn yn iachach yn ôl arogl y bwced. Petaem yn cael ein dal yn defnyddio'r dull *self cleaner* hwn, ceid ysgytwad arall a chosb waeth gartref ar ôl i Mam weld slicrwydd y llawes.

Ar ôl blino ymarfer torri ein henwau byddai'r *beads* yn dod allan – llond bocs bob un er mwyn eu bwydo ar ddarn o gordyn fel rhaff Sioni Winwns. Rhai bach gwydr oedd y rhain, 'run faint â marblis y Tylwyth Teg ond yn ddigon di-siâp ac o liw gwyrdd. Rhyw bethau *made in China* o oes dyn y lleuad mae'n siŵr; aml un heb dwll o gwbl ac amlach un gyda'r twll yn dod allan drwy'r ochr. Gan eu bod mor fach, anodd iawn fyddai i fysedd pum mlwydd oed gael gafael arnynt. Syrthient yn aml i'r llawr gan dwmblo eu ffordd y tu ôl i ryw ddodrefnyn; dyna'r rheswm pam roedd ambell focs yn hanner gwag yn aml ac yn wrthodedig. Byddent yn mynd i guddio mewn mannau eraill hefyd, yn enwedig yn y craciau oedd rhwng ystyllod y llawr, man amhosibl i fysedd bach gael gafael ynddynt. Bryd hynny byddai pwt o bensil slat o fudd i'w ceibio allan, ynghyd â llwch a baw cenedlaethau. Byddai ambell un yn mynd i le rhyfeddach fyth, gan godi sgrech o du'r plant hŷn er mwyn tynnu sylw Miss, am fod rhywun wedi rhoi rhan o gynnwys y bocs yn ei glust neu i fyny'i drwyn, fel trigolion fforestydd Affrica. Hyd y cofiaf bu pob llawdriniaeth yn llwyddiant, heb gymorth yr un llawfeddyg, dim ond gwachell o'r cwpwrdd gwau, pinsiwrn blaen main a llond ystafell o sgrechian!

Roedd y darn cordyn main bob amser yn y bocs yn barod, gan arbed amser athrawes brysur. Tua throedfedd fyddai ei hyd, gyda'r *bead* cyntaf wedi ei chlymu ar y blaen yn angor i'r lleill pe gellid eu hongian. Roedd hon eto yn broses gymhleth ac nid oedd y cordyn bob amser yn gymorth parod. O'i fynych ddefnyddio mor garbwl byddai'r blaen yn rhaflo gan edrych yn debyg i fwstásh dyn y ffordd ar fore rhewllyd a'r blewiach yn lledu i bob cyfandir. Yr unig ffordd i'w gael yn bigfain eto, fel blaen brwynen, i fynd i mewn i'r twll yn y *beads*, oedd drwy ei droi a'i drosi yn y geg nes ei fod yn fodfedd o styffni poeraidd. (Onid yw'n syndod y gwerth a roddid ar boeri yn addysg plant bach!) Byddai ambell dwll yn gam neu ddim yno o gwbl ac yn rhoi plet yn y cordyn, felly byddai angen ei aildrochi eto yn y geg. Dro arall byddai rhywun yn ffodus yn ansawdd y cordyn a ddeuai allan o'r bocs – un gyda blaen wedi ei rewi'n bigfain fel pigil carrai esgid yn barod, am fod mwy o styffni ym mhoerad y defnyddiwr blaenorol. Ar ôl oes o gael ei fyseddu gan ddwylo bach, ni fyddai'r cordyn bob amser yn lân; byddai wedi trawsnewid ei liw o wyn i lwyd-ddu, yn union 'run lliw â chath William Siop. Er gwaethaf popeth bu pawb fyw drwy'r cyfan a deil y rhan fwyaf felly hyd heddiw.

Ond daeth tro sydyn ar fy myd. Bu'n rhaid imi adael fy ffrindiau yn y rŵm fach un bore a symud cyn pryd i'r rŵm fawr. Pam symud cyn pryd oedd y cwestiwn mawr gartref; tybed a oeddwn yn ormod o lond llaw i'r athrawes a bod angen imi gael fy nisgyblu? Os mai dyna'r rheswm, roeddwn bellach yn y lle iawn. Ni chafwyd yr un gair o esboniad am fy nghaethgludo ac ni holodd neb.

* * *

Y prifathro, neu Mistir fel y'i gelwid gan bawb, oedd yn rheoli yma. James James oedd ei enw, neu 'Shami Sgwlyn bwp a rhech, hanner coron saith a chwech' y tu ôl i'w gefn, a hynny dan sibrwd. Roedd y rŵm fawr i mi fel 'sgubor, wedi cael ei rhannu yn y canol gan nifer o gypyrddau ar draws, ar ffurf tair ochr. Roedd y rhan bellaf, tu hwnt i'r cypyrddau, yn wag o ddisgyblion, gyda rhai desgiau o gwmpas yr ochrau ar gyfer bwyta'r tocyn yn ystod yr awr ginio. Yn y rhan yma y byddai'r bechgyn mawr yn gwneud eu gwaith coed ambell brynhawn.

Eisteddai'r plant wrth ddwy resaid o ddesgiau mawr hir a ddaliai bump bob un, ochr yn ochr. Buan y sylweddolais fod y rhai drygionus bob amser yn eistedd ynghanol y ddesg er mwyn cael dau blentyn yn amddiffynfa rhyngddynt hwy a storm y wialen fedw, pe bai digwydd i'r storm honno godi. Arweiniai dau ddrws allan o'r rhan yma i'r ystafell, un i gyntedd y bechgyn a'r llall i gyntedd y merched. Roedd desg Mistir, rhyw jiráff o beth, ar bwys y drws hanner gwydr i'r rŵm fach fel y medrai gadw llygad a theyrnasu ar y fan honno hefyd. Y tu ôl i ddesg Mistir roedd dwy ddesg fach, sef y cysegr sanctaidd a thiriogaeth plant y sgolarship. Byddai cydymdeimlad mawr gyda'r trueiniaid hyn; dim munud o segurdod, dim ond gwaith, gwaith, gwaith a dim amser chwarae – etifeddion y ffwrn dân! Roedd un peth o'u plaid fodd bynnag, sef eu hagosatrwydd at yr unig dân a gynhesai'r sgubor. Roedd gan yr ystafell nifer o ffenestri uchel a photyn *aspidistra* ar fwrdd nifer ohonynt; dim ond tri llun yn unig oedd ar y muriau: O.M., Ceiriog a Joseph Parry – y tri gŵr doeth!

Yn ystod bore bythgofiadwy y symud o un ystafell i'r

llall, rhoddwyd fi i eistedd wrth y ddesg flaen yn adran y plant iau, sef y plant lleiaf o'r plant mawr, er nad yw hynny'n hollol gywir chwaith gan fod ambell gwlffyn go fawr wedi cael ei adael ar ôl, gyda llif oedran a gallu wedi hen fynd heibio iddo, megis ambell graig ar ôl llif afon rew gynoesol! Yn y safle hwn treuliais dymor, yn grynedig fy myd gan ryw hanner mynd i gwrcwd bob tro y byddai Mistir yn cerdded heibio.

Ni fu pethau'n rhy ddrwg am rai dyddiau, efallai am fy mod wedi cael fy rhybuddio i droedio'n ofalus. Cafwyd ambell waedd ar dro ond am yr ychydig ddyddiau hynny ni phechodd neb a minnau'n dechrau meddwl mai siarad gwag fu'r sôn am dymer ddrwg y prifathro. Ond un prynhawn, tua diwedd fy wythnos gyntaf yn y rŵm fawr, roeddem ni, y plant llai, wrth ein gwaith ar ôl gwers lafar Mistir ac yntau'n eistedd wrth gornel desg yn cyflwyno barddoniaeth Saesneg i'r plant hŷn. Roeddem ni, y plant llai, yn ddigon cydwybodol wrth ein gwaith ond ar yr un pryd yn cadw un glust ar agor i wrando ar wers y plant mawr. Dyna fantais ysgol fach – y plant llai yn dysgu llawer yn sŵn dysgu'r plant hŷn. Roedd Mistir yn darllen rhyw ddarn o farddoniaeth, gan gyfieithu am yn ail, am Indiad Coch oedd wedi cael ei glwyfo wrth hela ac yn ymlwybro tuag adref *'along the bloody trail'*. Y funud yr ynganwyd y geiriau, aeth un o'r bechgyn mawr i chwerthin yn uchel gan ei fod yn tybio, yn ôl iaith gweision ffermydd a heb wybod gwell, fod Mistir wedi rhegi. Wel am storm! Daeth y wialen a dwrn Mistir i fedi'r chwarddwr gan ddweud ar yr un pryd, 'nid blydi *blydi* yw e grwt ond *bloody trail...*' Cyn iddo orffen roedd dau neu dri arall wedi dechrau chwerthin gan feddwl bod Mistir wedi rhegi eto – deirgwaith! Ni thawelodd y storm y prynhawn hwnnw a dysgais innau, heb unrhyw amheuaeth, nad da oedd chwarae â thân.

Fues i ddim yn hir cyn sylwi fod trefn arbennig i'r safle a'r man lle'r eisteddai'r bechgyn hynaf – yr amddiffynfa. Trefn a etifeddwyd ar hyd y blynyddoedd gan y rhai fyddai'n gadael mae'n siŵr. Eisteddai'r merched yn y seddau blaen dan drwyn Mistir ond yn y rhesi cefn yr eisteddai'r bechgyn mawr, rhai ohonynt bron yn bedair ar ddeg oed ac ar fin gadael yr ysgol. Cysgodai'r rhai mwyaf, a'r mwyaf anystywallt, yn y ddesg olaf gan y tybient, fel y Salmydd gynt, fod y wal y tu ôl 'yn amddiffynfa iddynt'. O'r fan honno o leiaf gallent wynebu'r storm a gwneud rhyw gymaint o drefniant i'w hosgoi. Defnyddient y diniwed yn darian yn aml trwy eistedd yn eu canol, ond er mor ddiniwed oedd y rheiny byddent yn aml yn dal cynffon y storm wrth i Mistir blygu drostynt i gyrraedd ei nod.

Roedd y wialen fedw a'r ddisgyblaeth lem yn rhan annatod o elfen ac o drefn addysg ym mhob ysgol yn y dyddiau hynny. Perchid cosb yn hytrach nag unigolyn. Nid oedd disgyblion a phrifathro Llangwrddon yn wahanol i ddisgyblion unrhyw bentref neu ardal amaethyddol wledig arall. Gadael yr ysgol i fynd adref i ffermio neu i wasanaethu fel gweision a morynion oedd yr uchelgais. Ni roddid pwyslais ar addysg bellach, felly rhaid oedd dal llinyn disgyblaeth yn dynn. Prin oedd y rhieni a ddymunai well byd i'w plant ar hyd llwybrau addysg am na chawsant hwy eu hunain brofiad o drefn well na'r un a fodolai. Prin oedd y rhai a ddewisid i fynd i eistedd wrth y desgiau bach ar gyfer y sgolarship a bu i lawer o'r rhai hynny hyd yn oed wrthod y cyfle. Roedd urddas ac enw da pob ysgol ynghlwm wrth lwyddiant mewn arholiadau ac ni châi'r cyffredin ei ddewis. Roedd hyn wedi ei selio yng ngwead plant a rhieni. Bwrn fyddai gwaith cartref, carchar ac nid rhyddid, a thrwy syniadau felly collodd llawer un ei gyfle: '*Full many a flower was born to blush unseen, and waste its sweetness on the desert air.*' Trueni dros y rhai oedd â'r gallu i lwyddo ac i ddianc o draddodiad ardal, rhieni a chyndadau.

Ar ddechrau'r rhyfel daliodd llawer ar y cyfle i arddel hen gysylltiad teuluol – dair neu bedair cenhedlaeth ynghynt hyd yn oed – gyda rhai o'r plwyfolion, fel y medrent anfon eu plant o ddinasoedd mawr dinistr Lloegr yn faciwîs i heddwch llechweddau a ffyrdd culion Ceredigion. Roedd nifer o'r rhieni wedi colli a difreintio'u gwreiddiau o draddodiad ac iaith ym myd busnes y trefydd mawr, ond beth oedd gwerth peth felly i ddiogelwch eu hepil? Gwnaeth llawer o'r plant hyn rywbeth na wnaeth eu rhieni; daeth yr hyn a gollwyd yn ôl iddynt a chlywyd Cymraeg ar eu gwefusau, a hynny'n aml cyn i'w rhieni ymweld â hwy am y tro cyntaf i weld a oeddent wedi cartrefu ym mro eu cyndadau.

Ond beth am Mistir? Oedd, roedd e'n wahanol, yn wahanol mewn llawer ffordd. Pan agorwyd yr ysgol newydd yn 1903, ysgol y *School Board*, roedd trwch poblogaeth prifathrawon y sir, er eu bod nhw'n Gymry, yn cyflwyno'r addysg, fwy neu lai, trwy gyfrwng y Saesneg. Ond gyda Mistir roedd pethau'n wahanol oherwydd ei fod ef yn ŵr lleol, yn fab hynaf y Felin. Roedd un brawd iddo, William, yn gofalu am y siop i gwmni Powell bach o Aberystwyth, a John, brawd arall, yn saer y pentref. Roedd dau frawd iau hefyd, Jo a Styfin, oedd yn dal i fyw yn y Felin, yn ffermio rhyw gymaint ac yn felinwyr yn y dyddiau a fu. Y ddau yma, gyda Dai eu hŵyr, oedd cabinet y pentref, yn meddu ar bob awdurdod i ddatgan a herio barn a cheisio rhwystro unrhyw ddatblygiad yn yr ardal. Yn ddieithriad byddai un ohonynt yn eistedd ar y stôl uchel wrth gownter y siop yn gwrando hynt a helynt pawb ac yn ychwanegu at bob stori a digwyddiad. Byddai un yn mynd a'r llall yn dod bob rhyw awr, hyd yn oed yn ystod prysurdeb ffermio, gyda'r sesiynau-dal-pen-rheswm yn cael eu cwtogi fymryn adeg

cynhaeaf neu amser golchi defaid ffermydd y cylch cyn
eu cneifio, yr hyn a ddigwyddai yn y pwll gerllaw'r Felin.
Y nhw oedd yn cefnogi, neu ran amlaf yn gwrthwynebu,
pob newid o fewn eu teyrnasiad. Gan fod eu brawd yn
brifathro, un yn siopwr ac un arall yn saer yn y pentref,
teimlent fod ganddynt yr hawl i lywodraethu a datgan
barn y teulu wrth bawb ac am bopeth!

Parablai Jo gymaint nes bod dwy ffrwd o sudd baco
yn llifo bob ochr i'w geg a'r macyn coch a gwyn am ei
wddf yn codi ac yn disgyn wrth i'w wrthwynebiad i
bopeth gryfhau. Byddai'n gwthio ymadroddion Seisnig
i mewn i'w sgwrs yn aml er mwyn dangos ei fedr yn yr
iaith honno, fel pan gwynodd rhywun wrtho ei fod yn
methu cael neb i helpu ar y fferm a chyngor Jo oedd
'*battle your own canoe*, was,' gan ddefnyddio iaith yr
Indiaid Cochion! Pan fyddai am i rywun gadw hanesyn
yn dawel byddai hwnnw'n cael y rhybudd, '*keep it
between your own and don't tell it to somebody*'! Roedd
Styfin yn fwy tawedog a'i ddwylo yn ei bocedi ran
amlaf. Ef oedd yr erlidiwr a'r pastynwr pan fyddai plant
yr ysgol wedi bod yn gwneud drygioni o gwmpas y
Felin amser cinio, yn gollwng dŵr y pynfarch gan
wneud i'r rhod ddŵr chwyrnellu droi'n wag. Gwisgai
Styfin glocs yn y gaeaf ac felly byddai dan anfantais
wrth ymlid rhai tipyn mwy chwimwth eu traed gyda'i
bastwn. Ef oedd gyrrwr car y prifathro oherwydd
anabledd hwnnw, pan fyddai angen ei gario ar droeon

prin i wahanol gyfarfodydd a châi'r gyrrwr gyfle i yfed ambell beint a chynaeafu stori mewn tŷ tafarn hwnt ac yma. Roedd gan Styfin y gallu i roi genedigaeth i lawer stori a'r rheiny'n blant siawns heb na thad na mam! Y car hwnnw hefyd fyddai'n mynd â John y brawd i fesur cyrff trigolion ymadawedig yr ardal, yn enwedig pan fyddai rhywun wedi marw yn yr ysbyty. Yn ystod aml drip o'r fath deuai sawl stori 'nôl i'r pentref yn gynt na phryd ac wrth gwrs, wedi eu hymestyn.

Roedd Dai yr ŵyr yn fwy boneddigaidd ei ffordd. Ni fyddai yn y siop yn aml ond yn hytrach byddai'n garreg ddala ar y sgwâr, yn ceisio cuddio o olwg ei ewythrod. Byddai'n cyfarch pawb wrth eu henwau llawn gan ddechrau gyda'r Mistir, yna'r enwau cyntaf yn llawn pob un, yna'r syrnêm, gan ddilyn hwnnw gydag enw'r cartref neu'r lle yr oedd yn gwasanaethu ynddo. Ar ben hynny roedd pob Wil yn William, pob Dai yn Dafydd a phob Jac yn John ac os byddai'r enw'n un Beiblaidd, byddai'n ei ynganu'n llawn gan wneud Eben yn Ebeneser a Jo yn Joseff. Ni fyddai Dai byth ar gyfyl y pentref pan fyddai'r ddau frawd o gwmpas; ef oedd yr howsciper ar ôl i Mari'r chwaer farw. Ni welwyd ef erioed yn ei ddillad gorau ychwaith, os oedd y rheiny i'w cael, ac ni fyddai'n mynd oddi cartref i unrhyw gynulliad o bobl.

Y prifathro oedd y penteulu ac roedd ei ddylanwad gwleidyddol ac annibynnol yn drwm arnynt.

Rhyddfrydiaeth oedd gwleidyddiaeth yr ardal yn fwy na heb ond nid felly'r prifathro. Roedd ef yn wahanol, gan mai sosialaeth oedd ei wleidyddiaeth, er na fyddai byth yn cyhoeddi hynny chwaith. Cyrhaeddai'r *Manchester Guardian* yn ddyddiol i'r ysgol a châi gip sydyn ar y penawdau amser chwarae rhwng disgyblu ac unioni ffordd ambell bechadur, a gwrando'r claps am gamymddygiad rhywun neu'i gilydd ar yr iard. Roedd y papur hwn, yn ei gyfnod, yn achub cam y gweithiwr cyffredin ac felly o fewn llif teithi meddwl a chredo Mistir. Roedd wedi darllen yn helaeth o ffrwyth meddyliau mawr Sosialaeth y cyfnod a chawn weld yn nes ymlaen fel yr oedd yn barod i dorchi llewys o blaid y gweithiwr cyffredin a'r tyddynnwr tlawd. Gwelodd nad oedd y bobl hyn yn cael chwarae teg gan y ddwy blaid fawr, y Torïaid a'r Rhyddfrydwyr, a chynhyrfai hyn ef. Ni chafodd yr un gweithiwr na thyddynnwr eu codi'n flaenoriaid yn y capel nac yn wardeniaid eglwys yn ystod hanner cyntaf y ganrif ddiwethaf na chynt, hyd y gwn i.

Os tawel oedd gwleidyddiaeth y prifathro, roedd Jo a Styfin, o dan ei ddylanwad, yn ddigon parod i hau ei ddelfrydau amser etholiad. Roeddent yn llafar iawn eu llef ar y sgwâr ond nid yn y siop; y tebyg yw bod y brawd William yn gwrthwynebu hyn gan mai gwas oedd ef wedi'r cyfan, a gallai'r perchenogion golli busnes pe pregethid gwleidyddiaeth yn y siop. Roedd y brodyr eraill yn ddigon tawedog ac yn ymddangos yn ddiduedd ond roedd Jo yn uchel iawn ei gloch rhwng atalnodau'r poeri sudd baco.

Mae rheswm arall dros ddatgan fod Mistir yn wahanol. Cafodd ei eni gyda'i goes dde gryn dipyn yn fyrrach na'r un chwith ac felly roedd yn rhaid iddo ddefnyddio ffon-fagal hen ffasiwn o dan ei gesail a cherdded ar flaen y droed dde er mwyn medru symud o gwmpas. Dyna'r rheswm hefyd pam na fyddai'n gyrru'r car. Ond nid oedd y cloffni'n ei atal rhag symud, a symud yn gyflym hefyd pan fyddai angen gwastrodi ambell un. Prin iawn y medrid dianc o'i flaen rhwng y pedair wal y tu mewn i adeilad yr ysgol, gyda'r ffon-fagal yn y llaw dde a'r wialen yn y llaw chwith. Roedd waliau cerrig o gwmpas ambell un o derfynau'r ysgol – rhwng gardd yr ysgol a iard chwarae'r plant bach er enghraifft, a medrai, o gael y ffon-fagal drosodd ynghyd ag un llaw ar y wal, neidio dair troedfedd drosti, a hynny'n drigain oed. Ambell waith, pur anaml serch hynny, byddai'n syrthio ond codai'n rhwydd ddigon ond heb fedru symud o'r fan heb y ffon-fagal. Gwae unrhyw un a fyddai'n chwerthin a gwaeth fyth fyddai arno oni fyddai wedi estyn y ffon-fagal 'nôl i'r Mistir ar unwaith.

Cafwyd un digwyddiad anffodus, neu ffodus, un bore yn yr ysgol ar ôl i'r Mistir fod yn ddrwg ei hwyliau wrth y bechgyn mawr. Roedd wedi gadael y ffon-fagal i bwyso ar gard y tân ac wedi medru pwyso ei ffordd fesul dodrefnyn yn ôl at ei ddesg. Byddai'n gwneud hyn ar brydiau pan fyddai am gael ei ddwy law yn rhydd. Mae'n debyg i un o'r rhai a ddioddefodd storm y wialen yn y bore weld ei gyfle trwy ofyn am gael mynd allan i'r tŷ bach ym mhen uchaf yr iard, y tu draw i'r domen ludw. Cafodd ganiatâd, efallai am fod Mistir wedi meddalu ychydig ar ôl y gosb, ac wrth fynd allan bachodd yn y ffon-fagal ac aeth â hi allan i'w chuddio. Daeth yn ei ôl cyn i Mistir sylweddoli'r golled ond pan wawriodd hyn arno sylweddolodd ei fod fel llong ar dir sych. Gwyddai pwy oedd y drwgweithredwr ac addawodd gosb uffern arno trwy ddefnyddio holl goed Cwm Wyre, eto ni symudodd y lleidr i nôl y ffon. Erbyn hyn roedd holl ddioddefwyr cosb y bore yn dechrau cael eu traed danynt, yn codi stêm ac yn ysgwyd eu plu yn eu diogelwch a'u penrhyddid yng nghefn yr ystafell. Roedd y randibŵ ar gynnydd gydag eraill, a hyd yn oed y rhai lleiaf erbyn hyn, yn atsain eu rhyddid. Bu'n rhaid iddo fegian ar Dai bach, mab y gof, a oedd yn dipyn o ffefryn gan ei fod yn byw yn y pentref rhwng y Felin a Thŷ'r Ysgol, i fynd i nôl y ffon-fagal. O ran parch a chymdogaeth dda y ddau deulu aeth hwnnw allan i'w nôl. Gwyddai'n dda lle'r oedd y guddfan. Onid oedd y lleidr wedi bod yn bostio'n ddigon uchel wrth bawb am y man a'r lle y'i cuddiwyd? Daeth Dai bach â gwrthrych y randibŵ yn ôl a'i rhoi yn nwylo Mistir. Yn ei gynddaredd cydiodd yn y bachgen nesaf ato, sef Dai bach, a'i ysgwyd fel maneg wlyb yng ngheg terier, er i hwnnw wneud tro caredig ag ef. Cafodd Dai bach ddwy gosfa'r bore hwnnw a'r waethaf ohonynt y tu ôl i'r tŷ glo amser chwarae.

Roedd gwahaniaeth arall hefyd. Oherwydd ei anabledd ni fu Mistir mewn coleg i'w baratoi ar gyfer ennill ei dystysgrif athro. Llwyddodd yn arbennig ym mhob un o arholiadau allanol prifysgol Llundain i ddod yn athro cydnabyddedig. Felly, gan na fu yng ngholegau hyfforddi athrawon y cyfnod nid oedd Seisnigrwydd y rhain wedi dylanwadu arno ac o ganlyniad ni rannai uchelgais prifathrawon yr oes o roi bri ar y Saesneg ar draul y Gymraeg. Rhoddai Mistir bwyslais ar Gymraeg da a graenus, yn ysgrifenedig ac ar lafar. Byddai'n annog pawb trwy dynnu wynebau a lledu'r geg i ynganu'n glir a chywir ac roedd y wialen, pe bai raid, yn barod i hybu hynny. Edrychai Ceiriog i lawr ar yr holl weithgareddau ac efallai fod gwên ar ei wyneb wrth i'r plant ddysgu ei gerddi ar eu cof, megis 'Roedd Alun Mabon yn ei ddydd yn fachgen cryf a hoyw' ac 'Aros mae'r mynyddau mawr' – y delyneg gyntaf hyd yr olaf o'i gân hir 'Alun Mabon'. Byddai beirdd eraill hefyd yn cael sylw (yn enwedig os oeddent yn Annibynwyr), yn ogystal â'r emynwyr mwyaf cyfarwydd. Câi llyfrau ymarferion Cymraeg le amlwg yn y gwersi dyddiol ynghyd ag ymarferion ysgrifennu traethawd ddwywaith yr wythnos. Nawr ac yn y man, os byddai'r traethawd yn dda, byddai'n rhaid i'r awdur ei ailysgrifennu ar ôl iddo gael ei gywiro, yn ei ysgrifen orau – yr orau bob amser gyda'r bys blaen o leiaf fodfedd yn ôl o flaen y pensil neu'r nib inc. Papur blotio o dan y llaw a phechod anfaddeuol oedd pob blot. Cedwid y traethodau gorau hyn yn un bwndel a chyn dechrau ar y gwaith cyfansoddi wythnosol byddai'r rhain yn cael eu rhannu a'u darllen fel enghreifftiau i'w hefelychu o ran cynnwys a threfn.

Rhyw unwaith yr wythnos y ceid gwers Saesneg, heblaw darllen stori, a chan na fedrem yn aml ddilyn y stori yn yr iaith honno byddai Mistir yn cyfieithu wrth fynd yn ei flaen. *Common Sense English Course* oedd y gwerslyfr, yn llwydaidd ei glawr ac anniddorol ei gynnwys. Efallai fod prinder gwersi Saesneg wedi bod yn anfantais i lawer ar ôl cyrraedd yr Ysgol Ramadeg a oedd mor Seisnig, ond efallai mai gwendidau'r ysgol honno oedd ar fai.

Roedd y Mistir bob amser yn drwsiadus ei wisg a'i ymddangosiad. Treuliai ran o'i wyliau haf yn Llandrindod a chylch Llanwrtyd a brethyn melinau gwlân y cylchoedd hynny oedd ei wisg. Cadwai ei gap, o'r un brethyn, ar ei ben drwy'r dydd oni chlywid cnoc ar y drws. Yna tynnai ef gan ei daflu o'r neilltu ynghyd â'r wialen. Taflai honno i un o'r merched hynaf gyda'r gorchymyn i'w chuddio, cyn ateb y drws. Ni châi'r un o'r bechgyn y fraint ac mae'n wir i ddweud na chafodd yr un o'r merched gosb gorfforol ganddo erioed. Yn ystod y tywydd oer gwisgai sgarff am ei wddf a honno wedi ei gwisgo mewn ffordd fodern iawn – plygai hi yn ei hanner a'i rhoi am ei wddf ac yna gwthiai'r ddwy gynffon gyda'i gilydd drwy ddolen y plygiad. Pan fyddai'n ddrwg ei hwyliau neu cyn dedfrydu cosb, byddai'n tynnu ar y ddwy gynffon nes bron â thagu ei hun. Byddai'n galw'r dihiryn allan gyda'r geiriau 'Dere 'ma'r gwalch' – gwalch oedd yr enw a ddefnyddiai ar y bechgyn hynaf bob amser a 'bodo' ar y merched. Os byddai'r drosedd yn un haerllug iawn, malu *nib* y pìn ysgrifennu neu dorri riwler, er enghraifft, byddai'n cael ei lusgo allan gyda'r geiriau 'Dere am wâc rownd y rŵm'. Cyn dechrau ar y wâc byddai'n dweud, 'Edrych yma, dwy'n hidio dim brass ffarthin am dy dad na dy fam' a chyda hynny byddai'n colero'r truan a rhoi'r wialen ar ei gefn, ond yn ddigon ysgafn yn aml, fel gyrru buwch i'r ffair. Codi ofn oedd pwrpas y cyfan. Roedd wedi dysgu rhieni y rhan fwyaf a hyd yn oed blant y plant ac roedd y dywediad am y 'brass farthin' yn rhyw *licence to kill*!

Gan ei bod yn amser rhyfel roedd hynt a helynt hwnnw yn rhan o'r gwersi. Ni chlywid fawr ddim am hanes brenhinoedd Lloegr gan mai hanes Cymru oedd yn cael y lle blaenaf, yn enwedig hanes lleol megis 'Rhyfel y Sais Bach'. Apeliai'r hanes hwn yn fawr ato, yn arbennig sut y trechwyd yr elfen Dorïaidd a'r perchen tir gan y gŵr cyffredin a deiliaid y tai unnos. Canu emynau oedd y gwersi cerddoriaeth gan fod y Detholiadau sbâr ar ôl y Gymanfa Ganu yn cael eu rhoi i'r ysgol. Roedd emynau'r plant yn gyfarwydd i ni i gyd ar ôl eu clywed mewn Ysgol Gân a Chwrdd Bach. Roedd lle hefyd i emynau'r oedolion a hyd yn oed 'O fryniau Caersalem' ac 'Yn y dyfroedd mawr a'r tonnau' a glywid yn aml ar yr awel o'r fynwent. Cenid hefyd lawer o ganeuon y Negro a'r ffefryn bob tro oedd '*Way down upon the Swanny ribber*'!

Ni allai neb ganu'r piano er bod hwnnw'n cael ei diwnio'n rheolaidd bob blwyddyn. Er mwyn cael y cyweirnod iawn byddai'r Mistir yn gofyn i'r un agosaf at y piano daro'r nodyn gwyn uwchben y twll clo – yr C ganol i'r deallus – ac yna ar ôl rhyw fwmian wrtho'i hun byddai'n bwrw ati a ninnau'n ei ddilyn.

Byddai'r Mistir yn paratoi'n ofalus gyda'r nos ac yn arbennig yn ystod y gwyliau. Byddai'n ysgrifennu'n fras, ar ddudalennau o bapur maint y bwrdd du, golofnau o waith cyd-ddarllen a llefaru gyda'n gilydd; colofnau o gymharu ansoddeiriau afreolaidd; trydydd person y ferf; tablau rhif; a geiriau anodd eu sillafu yn Gymraeg, a hyd yn oed yn Saesneg. Byddai'r rhain yn cael eu rhwymo â darn o bren at ei gilydd, a chordyn praff i'w hongian dros y bwrdd du. Pan fyddai'n gwneud rhyw waith gweinyddu wrth ei ddesg, byddai'n galw un o'r merched hynaf a mwyaf dibynnol ato i nôl y bwndel papurau hyn a'u gosod dros y bwrdd du. Disgwylid i'r ffefryn yma bwyntio gyda'r wialen, braint fawr, at y colofnau tra byddai pawb yn cyd-ddarllen a chydadrodd. Ar ôl gorffen un dudalen rhaid oedd troi drosodd a mynd ymlaen at y nesaf. Gwyddai'n dda, er ei fod â'i drwyn mewn papur yn ysgrifennu, ble'r oedd diwedd pob tudalen a byddai'n gweiddi "Nôl!' inni ailddechrau eto.

Yn ystod y sesiwn o gyd-lefaru byddai'r swn yn gostwng yn raddol ac ambell un yn cael ei hudo i gwsg gyda'r undonedd dioglyd. Byddai Mistir yn llithro oddi ar ei stôl uchel, yn cydio yn y ffon-fagal ac yn brasgamu at y cysgadur gan ddweud '*Confound you, dreamer!*' Byddai'r ysgydwad i un yn effeithio ar bawb ac yn ein deffro a chynyddai'r swn llefaru unwaith eto. Byddai'r drilio yma wedi gafael cymaint ynom fel y clywid ambell un yn mwmian canu iddynt eu hunain mewn rhyw fath o barlys amser chwarae 'mawr, cymaint, mwy, mwyaf; da, cystal, gwell, gorau; rhedaf – rhed, neidiaf – naid, cysgaf – cwsg.'

Mae yn fy meddiant un o *Exercise Books* y *Cardigan Education Commitee* o'i eiddo lle mae wedi nodi degau o idiomau, dywediadau a chyfeiriadau at rannau o'r corff. Mae'n syndod faint o'r rhain sydd i'w cael rhwng gwallt y pen a bys bach y droed a hynny heb orfod crafu pen yn ormodol na thynnu bys allan o din!

Yn rhyfedd iawn doedd Mistir ddim yn ddyn cyfarfodydd cyhoeddus. Ni welwyd ef erioed mewn unrhyw gyfarfod poblogaidd yn y pentref a byddai tân ar ei groen amser y Cwrdd Bach neu gyngherddau i groesawu milwyr adref o'r fyddin, er ei fod wedi dysgu'r rhan fwyaf ohonynt. Cwynai fod plant yn cael annwyd wrth fod allan yn hwyr y nos ac yn methu dod i'r ysgol. Ni fynychai ond oedfa fisol capel bach yr Annibynwyr – capel y teulu, heb fawr neb arall yn aelod yno.

Ond roedd ochr arall i'r Mistir. Camgymeriad mawr fyddai ei gyflwyno fel teyrn a chosbwr. Prifathro'i oes oedd e a'i uchelgais oedd cyflwyno'r gorau i'w ddisgyblion a chael y gorau ohonynt hwythau. Er bod diffyg uchelgais yn perthyn i'r rhan fwyaf o ddisgyblion a rhieni, ceisiai bob amser roi gwerth ar addysg gan geisio darbwyllo pawb o'r llwydd a ddeilliai o hynny.

Roedd cyfnod y rhyfel wedi esgor ar ffurflenni diddiwedd ynglŷn â phwysigrwydd codi cnydau amrywiol ar y ffermydd. Cyfnod cwtogi a dogni ar fwyd a thanwydd, cyfnod i gael caniatâd i ladd mochyn, cyfnod o geisio cadw gweision a morynion o afael y consgripsiwn a chant a mil o reolau eraill, gyda ffurflen, wrth gwrs, i bob peth. Pob ffurflen yn gymhleth i'r dibrofiad, ac yn Saesneg wrth gwrs, a hyn i gyd yn gofyn am daith i Dŷ'r Ysgol i ofyn am help i'w llenwi. Rhoddodd y Mistir ddysenni ar ben y ffordd a llenwodd ddegau o'r ffurflenni hyn gan roi nosweithiau o wasanaeth yn rhad ac am ddim, a cheg gaeedig ar y cyfan. Roedd hon yn ffordd o wneud cymwynas â rhai mwyaf difreintiedig y gymdeithas ac yn cyd-fynd â'i ddaliadau Sosialaidd.

Mae'n anodd prisio dylanwad ac arweiniad rhai fel Mistir a'i debyg yn yr ardaloedd gwledig mewn cyfnodau arbennig a doedd hi ddim yn beth rhyfedd i Gyngor Sir Aberteifi (fel y câi ei alw bryd hynny) roi cymaint o bwys ar i brifathrawon gwledig fyw yng nghylch eu hysgolion. Y rhain oedd arweinwyr, cynghorwyr a chyfreithwyr y werin, yn rhoi cyngor doeth, setlo ambell gweryl, ac yn ysgrifennu degau o ewyllysiau. Ymhlith y pennaf o'r rhain roedd Shami Sgwlyn, y Mistir.

Pan gyhoeddodd o flaen yr ysgol un prynhawn Gwener ym mis Gorffennaf 1943 y byddai'n gorffen gweithio yno yr wythnos ddilynol, prin y medrai gael y geiriau allan o'i geg, wrth ein rhyddhau mewn perffaith dawelwch. Yn ein dagrau yr aeth y rhan fwyaf ohonom allan drwy'r gât, er bod y bechgyn mawr yn ffug-lawenhau. Cefais fy atgoffa droeon fy mod wedi rhuthro i'r tŷ gan weiddi fod yr hen Shami Sgwlyn yn gorffen a'r dagrau'n powlio dros fy mochau.

* * *

Yn ystod misoedd y gwanwyn a'r haf cariai pawb a oedd yn byw bellter o'r ysgol ei frechdanau a photelaid o laeth ar gyfer amser cinio. (Rhywbeth i'r dyfodol oedd cinio ysgol a llaeth amser chwarae.) Bara menyn digon sych fyddai'r tocyn a'r llaeth ar dywydd poeth wedi dechrau suro yn y botel sôs HP. Blas digon rhyfedd fyddai'r cymysgedd o sôs a llaeth, yn enwedig os byddai'r botel ond prin wedi ysgaru oddi wrth ei chynnwys gwreiddiol!

Byddai arogl arall yn aml ar y tocyn – arogl cwningod. Roedd y rhan fwyaf o'r bechgyn yn dal cwningod mewn trapiau i'w gwerthu am arian poced i gwsmeriaid a ddeuai i'r pentref fore Mawrth a Mercher. Y masnachwyr hyn a gadwodd nifer o drigolion y trefydd mawr yn fyw amser y rhyfel a'r dogni. Ar y boreau hyn byddai'r cyrff cynffon wen yn cael eu cario i'r ysgol yn y bag gyda'r tocyn a'r llaeth gan daenu eu harogl dros y bwyd a'r diod gan mai mewn papur newydd y câi'r brechdanau eu lapio. Yn ystod y bore ceid aml i drip i'r tŷ bach er mwyn cadw llygad agored am y fan prynu cwningod a fyddai'n cyrraedd amser chwarae'r bore. Pe byddai'n gynnar byddai'n aros hyd nes y gollyngid yr helwyr caeth yn rhydd, i redeg nerth eu traed i lawr am y sgwâr. Ar brydiau byddai'r delio'n gymhleth a'r amser chwarae drosodd yn aml cyn taro bargen. Os byddai pris y cwningod wedi cwympo ers yr wythnos flaenorol byddai'r cyntaf yn y rhes yn gweiddi'r pris yn uchel er mwyn i bawb glywed. Gallai hyn beri problem i'r gwerthwr oherwydd efallai y byddai cwmni Simkin, a fyddai'n dod y bore wedyn, yn rhoi gwell pris. I'r masnachwr mwyaf mentrus byddai'r farsiandïaeth yn mynd yn ôl i'r bag am ddiwrnod arall i arogleuo cyntedd y bechgyn unwaith yn rhagor. Er ein bod yn ceisio cadw popeth yn dawel ac o glustiau Mistir, gwyddai'n iawn beth oedd yn digwydd a byddai'n cadw llygad ar y delio ar y sgwâr drwy'r ffenestr ac yn llawenhau efallai yng ngallu'r werin i farchnata gyda'r cyfalafwyr!

Ar dywydd gwlyb bwyteid y tocyn wrth y desgiau ym mhen draw'r ystafell ond y drefn ar dywydd braf oedd ei fwyta ar ben y waliau er mwyn mwynhau'r heulwen a gweld y mynd a'r dod yn y pentref, a phwy oedd yn dal pen rheswm â Jo neu Styfin wrth ddisgwyl y bws un o'r gloch.

Yn y gaeaf, ar ôl y gwyliau tatw, byddem yn cael te neu goco i'w yfed mewn mygiau gwyn enamel gyda'r tocyn. Byddai gwaith paratoi'r te yn dechrau cyn amser chwarae'r bore a dau o'r bechgyn hŷn yn mynd â'r ffownten fawr ddu gyda thap yn ei gwaelod i lawr i bistyll y pentref oedd ar bwys siop Woodward, siop arall yn y pentref a oedd hefyd yn weithdy printiwr. Roedd y pistyll ar waelod rhiw Llwynfynwent a stepiau hanner cylch yn disgyn ato. Llenwid y ffownten â dŵr o'r pistyll cyn ei chario, llaw wrth bob clust, yn ôl ar hyd y llwybr cefn i'r ysgol. Byddai cystadleuaeth rhwng y bechgyn am y gorchwyl oherwydd collid o leiaf hanner awr o undonedd ysgol a chaent gyfle i weld beth oedd yn mynd ymlaen yn y byd mawr oddi allan. Doedd y gwaith o gario'r ffownten yn ôl ddim yn un hawdd gan fod llwybr serth a lleidiog i'w ddringo a'r ffownten yn drom. Ni ddefnyddid y dŵr a lifai o'r tapiau yn y ddau gyntedd gan nad oedd y dŵr hwnnw bob amser yn lân oherwydd câi ei gario i'r ysgol trwy beipiau plwm o gae Tanrallt.

Wedi cyrraedd 'nôl a chyda help Mistir, gosodid y ffownten ar y tân i ferwi erbyn cinio. Byddai gweiddi mawr pan fyddai'n dechrau berwi a'r caead yn cloncian dan nerth y stêm, fel dannedd dodi Newyrth Ifan! Athrawes y plant bach fyddai'n arllwys y te i'r mygiau o debot mawr brown, ar ôl rhoi'r siwgwr a'r llaeth yn y gwaelod. Byddai'r siwgwr yn cael ei gario i'r ysgol mewn tun mwstard gan amlaf, a'r llaeth mewn potel lai o faint na photel sôs yr haf. I ni, a ninnau'n bedwar, byddai llaeth allan o un botel sôs yn gwneud y tro. Ambell waith byddid wedi anghofio'r llaeth a'r siwgwr ond gellid begian ychydig o laeth, ond nid siwgwr gan fod hwnnw wedi ei ddogni oherwydd y rhyfel. Sych a diflas fyddai'r tocyn gyda the disiwgwr.

Byddai Mistir yn cerdded o gwmpas i weld fod pawb yn bwyta'n foneddigaidd, gan rybuddio pawb i gadw llwnc o'r te ar ôl bwyta'r brechdanau er mwyn golchi'r geg. Roedd pwyslais yn cael ei roi ar fwyta'n weddus. Pan fyddai popeth o dan reolaeth byddai'n mynd i lawr i Dŷ'r Ysgol, rhyw hanner canllath islaw'r ysgol, ar ôl gweld fod popeth yn drefnus a'r llestri wedi eu golchi gan rai o'r merched mwyaf a'r athrawes.

Ar ôl iddo ymddeol penodwyd unigolyn a oedd yn y Llu Awyr i lanw'r swydd ond gan fod y rhyfel ar ei anterth ni fedrai hwnnw ymgymryd â'r swydd. Anfonid athrawesau ifanc, yn aml yn syth o'r coleg, i lanw'r swydd a byddai'r llinyn disgyblaeth, a fu gynt mor dynn, yn siŵr o dorri, a thorri a wnaeth yn gymanfa o gamymddwyn a drygioni. Byddai'r athrawesau dibrofiad hyn yn llefain o dan y straen ac erbyn y dydd Llun canlynol byddai rhywun arall, lawn mor ddibrofiad, wedi cymryd eu lle.

Yr hydref hwnnw roedd mawr ddisgwyl am y te ond ni chlywid na siw na miw pryd yr oedd yn mynd i ddechrau. Mae'n wir nad oedd y llaeth yn y botel yn suro bellach gan fod y tywydd wedi oeri ond roedd yr awch am y te a gafwyd ar hyd y blynyddoedd yn mynd yn fwy. Yn y diwedd, dyma un disgybl dewrach na'r lleill (neu efallai bod dirprwyaeth) yn gofyn i'r ferch ifanc a oedd gyda ni yr wythnos honno, pryd fyddai'r te yn dechrau. Addawodd hithau ymholi ynglŷn â'r mater ond ni chafwyd ateb. Er holi a holi ni chafwyd unrhyw lwc. Sylweddolwyd ymhen amser fod y *Golden Stream* a'r coco wedi bod yn dod o boced Mistir ar hyd y blynyddoedd. Roeddem wedi derbyn o'i ddwylo ffrwyth cynhaeaf yr India yn gwbl ddiarwybod a heb gyfle bellach i ddiolch iddo.

Cyn mynd i gael cinio byddai Mistir, o bryd i'w gilydd, yn cerdded o gwmpas yn cynghori a chadw trefn ac yn dweud yng nghlust ambell un iddo ddod i lawr i Dŷ'r Ysgol ymhen rhyw hanner awr. Yr un fyddai'r neges wrth i hwnnw neu honno guro ar y drws, sef cais i fynd o gwmpas i hel coed tân iddo erbyn y bore. Roedd tipyn o dir glas o gwmpas y tŷ a choed pin a llwyni'n tyfu yno, ond er chwilio'n ofalus a cherdded yn ôl a blaen, prin y ceid dyrnaid o frigau ac ychydig o foch y coed. Wrth drosglwyddo'r helfa iddo wrth y drws, byddai'n mynd i'w boced ac yn estyn ceiniog neu ddwy – swm go dda'r adeg hynny.

Ar ôl clywed am y cyfoeth hel coed tân byddai nifer o'r plant, yn y dyddiau dilynol, yn cynnig eu gwasanaeth ac yn barod i fynd ymhell y tu allan i ffiniau Tŷ'r Ysgol i hel llwyth o goed tân pe byddai angen. Gwrthodid y cynnig bob tro ac fe achosai hynny siom fawr, yn enwedig ar ôl clywed ymhen rhai dyddiau fod rhywun arall wedi derbyn gwahoddiad i hel y dyrnaid o goed. Aeth blynyddoedd heibio cyn yr eginodd yr esboniad am yr arferiad rhyfedd hwn. Roedd William Siop, brawd Mistir, yn gwybod yn dda pwy fyddai heb geiniog byth i'w gwario yn y siop. Tybed a ddaeth derbynwyr bach y ceiniogau i

sylweddoli na wyddai'r llaw dde beth oedd y llaw
chwith yn ei wneud?

*   *   *

Yn niwedd y 1930au symudodd teulu o ŵr a gwraig a
dwy ferch i'r ardal o un o gymoedd y de. Roeddent
wedi rhentu bwthyn ar dir un o ffermydd yr ardal, lle
digon anghysbell ond o fewn cyrraedd yr ysgol. Yn
bwysicach na dim roedd awyr iach y wlad o'i gwmpas a
hynny o fawr les i'r tad a oedd yn dioddef o'r diciâu.
Ond er iached yr awyr, ni chafodd y tad iachâd a bu'n
rhaid iddo fynd i'r sanatoriwm filltiroedd i ffwrdd.
Roedd y ferch ieuengaf yn paratoi i sefyll y sgolarship
ac fel y byddai'n arferol i'r rhai dethol hynny, câi waith
cartref bob nos.

Bob hyn a hyn byddai Mistir yn ei holi am iechyd y
tad a phryd y byddent fel teulu am ymweld ag ef. Roedd
y daith yn un ffwdanus ar y trên a threfnent gar i'w
cario o'r naill ben i'r llall. Yn ddieithriad ar y nos Wener
cyn mynd i'r ysbyty, byddai papur chweugain wedi ei
binio y tu mewn i'r llyfr gwaith cartref gyda siars y bore
dydd Llun canlynol i beidio â sôn wrth neb am y
digwyddiad. Hawdd i rai, pan fyddai eu cydwybod yn
pigo, ddannod fod ganddo fwy o fodd na'r cyffredin i'w
rannu ac yntau heb na gwraig na phlant i'w cadw.
Roedd ei rent a'i dreth yn isel meddent ac ni chadwai

forwyn gan fod Mari ei chwaer yn twtian gwaith yn y Felin a Thŷ'r Ysgol. Serch hynny, gweithredodd o olwg llygaid pawb a phob amser yn ddienw.

Roedd y cyfnod rhwng y ddau ryfel yn un eithriadol dlawd yn yr ardaloedd gwledig ac er i blant y 'bythynnod tlawd' aberthu eu hunain er mwyn y byd newydd, gwell, ni ddaeth hwnnw. Daeth i'm clustiau rai blynyddoedd yn ôl un digwyddiad cwbl gyfrinachol a ddigwyddodd tua diwedd y 1920au neu ddechrau'r 1930au. Rhaid oedd cadw'r gyfrinach bryd hynny gan fod perthnasau agos yn dal i fyw yn yr ardal. Clywais yr un stori o enau rhywun arall rai misoedd yn ôl a thebyg fod gwirionedd ynddi.

Un noson galwodd tad un o'r plant yn Nhŷ'r Ysgol i ddweud ei fod yn tynnu'r mab, a oedd yn ddeuddeg oed, allan o'r ysgol. Gweithiai'r tad ffordd hyn a ffordd draw ar ffermydd yr ardal ac oherwydd gwasgfa'r byd amaeth, byddai gwaith yn brin ac anaml. Roedd nifer o blant yn y teulu a'r fam, er mwyn cael dau ben y llinyn ynghyd, yn gorfod mynd hwnt ac yma i roi cymorth gyda golchi dillad ac i ennill ychydig sylltau. I wneud y sefyllfa'n waeth roedd y fuwch a fu'n gymaint o gynhaliaeth i'r teulu wedi trigo. Faint o blant Cymru a fagwyd gan y fuwch ddu tybed?

Roedd y tad a'r fam wedi penderfynu y byddai'n rhaid i'r tad hel ei bac, ef a'r bachgen hynaf, a throi am byllau glo'r de lle'r oedd gwaith parhaol a chyflog da i'w gael. Byddent yn ffugio'n gelwyddog fod y mab dros ei bedair ar ddeg oed. Esboniodd y prifathro wrtho nad oedd hyn yn gyfreithlon ac y gallai'r sefyllfa waethygu pe digwyddai i'r awdurdodau ddarganfod y celwydd. Rhoddodd ar ddeall hefyd y byddai ef, y prifathro, yn cadarnhau'r anwiredd am y gwyddai fod y bachgen mewn oed ysgol. Yn ystod y drafodaeth gofynnwyd i'r tyddynnwr faint fyddai pris buwch. Gan nad oedd y tad yn gyfarwydd â phris y farchnad gofynnwyd iddo beidio gwneud unrhyw benderfyniad terfynol ac iddo ddychwelyd ymhen rhai dyddiau. Yn ystod y dyddiau nesaf rhoddodd y prifathro ei ben ar y maen i ddarganfod prisiau mewn ffordd gyfrinachol. Pan ddychwelodd y tad ymhen rhai dyddiau roedd pum punt ar hugain yn ei ddisgwyl, sef pris rhesymol buwch ar ben y farchnad, gyda'r gorchymyn i dalu'r arian yn ôl fel y byddai'r amgylchiadau'n caniatáu – unrhyw swm y medrai'r teulu ei fforddio, a hynny heb ymrwymiad amser.

Ymhen rhai blynyddoedd a'r sefyllfa ariannol wedi gwella, a rhai o'r plant bellach wedi gadael yr ysgol i fynd i wasanaethu a'r tad a'r fam wedi cael eu cefnau atynt, aeth y tad ar ei siwrnai olaf i Dŷ'r Ysgol i dalu'r ychydig bunnoedd oedd yn weddill. Ond cyflwynodd y prifathro'r holl arian yr oedd eisoes wedi ei dalu yn ôl i'r tad, gan ddweud wrtho am eu cadw am ei onestrwydd a'r holl ymdrech a wnaeth i gadw'i air. Mae'r digwyddiad wedi bod yn gyfrinach am dros bedwar ugain mlynedd ac wedi ei gadw rhag clustiau pawb ond un neu ddau o'r teulu.

Mae Mistir yn haeddu ychydig eiriau o goffâd am ei ymdrech o fewn yr ysgol ac am ei wasanaeth i'r gymdeithas dros yr holl flynyddoedd, hyd yn oed ar ôl iddo ymddeol. Rhoddodd wasanaeth heb ddisgwyl dim yn ôl, gwasanaeth a oedd yn cydweddu â'i ddaliadau gwerinol i rai oedd dan y drefn. Derbyniodd adroddiadau arbennig gan bob swyddog a ymwelodd â'r ysgol a dywedodd y Doctor Richard Phillips yn *Dyn a'i Wreiddiau*: 'Rhoddodd help i'r bychan ymhob cyfeiriad, y capel bach, y tyddynnwr bach, a rheini oedd yn methu deall y ffurflenni Saesneg. Mae'n anodd mesur gwerth ysgolfeistr gwledig yn y pethau hyn, na ellir eu rhifo mewn cyfnod o ddeugain mlynedd.'

Ymddeolodd Mistir yn 1943 pan oedd yn bump a thrigain oed ar ôl gorfod aros yn yr harnais rai misoedd yn ychwanegol oherwydd prinder athrawon adeg y rhyfel. Wedi ymddeol daeth i fyw i dŷ ryw ergyd carreg o'n tŷ ni, yn ddigon pell o sŵn cloch a phlant ysgol. Gan fod gennym siop fach yn y gegin a werthai brif angenrheidiau byw, byddai'n dod yn ddyddiol i nôl ei becyn Woodbines a Players, gan ei fod yn smociwr trwm. Roedd yn ddyn cwbl wahanol ar y sgiw yn y tŷ i'r hyn oedd yn yr ysgol. Roedd yn ymgomiwr da am y digwyddiadau dyddiol a heb unrhyw frys i fynd adref. Yn y cyfnod yma roeddwn i yn y coleg gyda'r bwriad o fynd yn athro a byddai diddordeb di-ben-draw ganddo yng nghwrs y coleg. Yn ystod y gwyliau rhaid fyddai mynd draw i Ael-y-bryn i smocio'i sigaréts, rhywbeth wrth fodd calon myfyriwr, ac i drafod dysgu ac ysgolion. Fe'm hanogodd i ddarllen a chefais fenthyg pentyrrau o lyfrau, gweithiau athronyddol a sosialaidd wleidyddol o ddechrau'r ugeinfed ganrif, yn enwedig llyfrau am yr hyn a arweiniodd at ddechrau'r Rhyfel Byd Cyntaf. Eto, yn wahanol i'r rhan fwyaf o bobl y cyfnod a addolai'r frenhiniaeth, roedd ganddo atgasedd difaddau at y frenhines Victoria am mai hi a'i theulu melltigedig, yn ei farn ef, oedd achos y rhyfel a laddodd gynifer o bobl ifanc bythynnod tlawd cefn gwlad. Ond yn ogystal â'r seiadu gwleidyddol ac athronyddol, fe gefais ganddo hefyd yn ystod y prynhawniau di-rif hynny gipolwg ar lawer digwyddiad, o fewn yr ysgol, y pentref a'r ardal, gyda rhybudd taer i beidio'u hailadrodd – ac ni wnaf!

* * *

Syml a gwerinol fyddai ein chwarae yn yr ysgol. Y merched yn chwarae tŷ bach ac yn gofalu'n famol am y plant llai gan ymuno yn eu chwaraeon hwythau hefyd, fel 'Macyn tu ôl' neu 'Pwy ddaw, pwy ddaw dan bont y glaw'. Ond ambell waith ymunent yn chwaraeon y bechgyn i chwarae 'Sgari' (o'r gair 'gwasgaru' mae'n siŵr). Byddai dau yn cael eu dewis yn ddalwyr, gan ddal dwylo ei gilydd tra byddai pawb arall yn gwasgaru i bob cyfeiriad. Camp y dalwyr oedd cyffwrdd â rhywun ac yna rhoi lle iddo gydio dwylo yn y canol. Wrth i'r dal fynd yn ei flaen ymunai mwy yn y canol gyda'r llinell yn mynd yn un neidr hir. Gwae'r rhai bach yn y canol, oherwydd wrth i'r neidr ymestyn a phlethu yn ôl ac ymlaen wrth geisio dal y rhai mwyaf byddai'n anodd i'r dwylo lleiaf ddal gafael a chaent eu hysgubo'r ffordd hyn a'r ffordd draw. Cyn gorffen y chwarae byddai sawl un yn ei ddagrau a'r pengliniau wedi cael eu sgathru hyd at waed.

Chwarae mwy diniwed oedd 'pêl capanau' y bechgyn. Gosodid capiau cegagored yn un rhes yn erbyn y wal, gyda'r pig yn wynebu am ymlaen fel math o drothwy, gan ddechrau'r rhes o'r cornel ar bwys y tŷ glo. Capiau'r bechgyn mwyaf fyddai'r rhai cyntaf a chan mai capiau gweision ffermydd oedd y rhain byddai'n haws cael y bêl iddynt, ond gwae'r un a lwyddai. Ceid marc rhyw bum llath i ffwrdd a byddid yn rowlio pêl i gyfeiriad y capiau yn y gobaith o'i chael dros y trothwy i mewn i un ohonynt. Os llwyddid yna byddai'n rhaid i berchennog y cap hwnnw redeg ymlaen, gafael yn y bêl a cheisio bwrw rhywun gyda hi. Byddai'r un a drawyd yn gorfod ymadael â'r gêm, ef a'i gap, ond os methai daro rhywun, yna perchennog y cap lle nythodd y bêl fyddai'n ymadael. Felly'r âi'r gêm ymlaen, gyda'r rhes capiau'n mynd yn llai ac yn llai. Doedd rowlio'r bêl ddim yn rhwydd gan mai pridd a cherrig mân oedd wyneb yr iard a phe digwyddai'r bêl fwrw carreg doedd wybod i ble y byddai'n mynd. Os, trwy ddamwain, yr âi i mewn i un o'r capanau gwas fferm yna clywid bloedd 'Fe ladda i di!' am mai'r rhain fyddai am fod yn olaf allan bob tro, nid o barch ond o ofn. Anaml y gorffennid y gêm gan y byddai rhywun yn sicr o daflu'r bêl allan dros y terfynau i dir Tanrallt neu i dir y Capel Bach. Fyddai wiw mynd dros y clawdd i'w nôl o'r fan honno oherwydd roedd y tir yn sanctaidd ac yn rhan o deyrnas Mistir a'i deulu.

Amser cinio, yn nechrau'r hydref, byddai'n amser hel cnau gan fod clymau ohonynt ar lan afon Beidog ac ar y cloddiau o gwmpas. Roedd cwlwm dau a thri yn ddigon cyffredin ond ambell dro ceid cwlwm pedwar a hyd yn oed gwlwm pump, ond amled y cwlwm, lleiaf y gneuen y tu mewn. Ar ôl llanw pocedi a gwlychu traed yn yr afon, byddai gwledd yn ein haros i ychwanegu at y tocyn sych a'r llaeth o'r botel sôs. Carreg ar ben y wal fyddai'r morthwyl nes gadael carped o blisg ar wyneb yr iard.

Ond y prif ddigwyddiad ganol dydd oedd hel y cadno neu gŵn cadnoid. Dewisid un, neu ambell waith ddau, i fod yn gadno – ran amlaf y bwlis mwyaf – tra byddai pawb arall yn gŵn hela. Rhaid fyddai llyncu'r tocyn yn gyflym, neu hyd yn oed ei fwyta wrth redeg er mwyn cael mwy o amser i hela. Byddai'r cadno yn cael y blaen, gan fynd cyn belled â'r 'chwarel bridd' ar y ffordd allan o'r pentref a oedd yn weladwy o iard yr ysgol. Ar ôl i'r cadno gyrraedd y fan honno byddai'n chwifio ei ddwylo i ddechrau'r cwrso. Ymrannai'r cŵn yn ddwy ran, un i ddilyn y tir yr ochr isaf i afon Wyre tra rhedai'r lleill i fyny benglog Rhandir ac o gwmpas y chwarel gerrig. Bryncyn uchel oedd y benglog a godai'n syth ryw ddau can llath o sgwâr y pentref.

Byddai'r cadno'n rhedeg o gwmpas mewn cylch eang gan gadw o olwg y cŵn, neu ambell waith byddai'n cuddio nes i'r cŵn fynd heibio. Roedd yn rhaid cadw at dair rheol, sef – os byddai'r cadno wedi cyrraedd yn ôl i ddrws y tŷ glo heb ei ddal byddai wedi ennill; yn ail, doedd dim cŵn i fod i aros yn yr iard na chwaith ar sgwâr y pentref i atal dychweliad y cadno ac, yn olaf, byddai'r cyfan drosodd pan gyrhaeddai bws Jac y pentref am un o'r gloch. Roedd angen ffitrwydd a dygnwch i'r chwarae gan y byddai milltiroedd o redeg di-baid dros fryn a dôl ac yn aml fracso trwy'r afon. Pa obaith cyflawni gwaith ysgol yn y prynhawn ar ôl y fath golli egni, yn chwys, pridd a mwd i gyd a'r traed yn wlyb sopen? Yn aml, gan na fyddai bws Jac bob amser ar amser, a chan na wyddai neb yr amser cywir, byddai'r gloch wedi canu a'r cadno a'r cŵn ymhell o gartref. I liniaru tipyn ar y gweir fyddai'n ein haros, byddem yn chwilio ac yn casglu llysiau neu flodau mwy

Plant lleiaf yr ysgol gyda'r athrawon ac un neu ddau ddisgybl-athro hŷn.
Y Prifathro yn gwisgo'i gap fel arfer a'r ffon fagal o'r golwg.

Plant hynaf yr ysgol gyda'r athrawes a'r prifathro bob pen i'r llun.
Mae'r llun yn dyddio o tua dechrau'r dau ddegau.

Llangwrddon tua'r dau ddegau gyda'r ysgol yn amlwg iawn yn y llun.
I'r dde o'r ysgol gwelir Capel Bach yr Annibynwyr.

Ychydig o luniau'r Prifathro a geid, a llai fyth ohono gyda'i ffon fagal.
Gwelir hon yma o dan ei ysgwydd dde.

*Tu fewn i'r ysgol yn y dau ddegau. Myfyriwr, o bosib, yn rhoi gwers gyda Mistir yn
eistedd yn y gornel. Sylwer ar y drws hanner gwydr rhwng y rŵm fawr a'r rŵm fach.*

*Plant Ysgol y Bwrdd yn llofft ysgoldy capel Tabor cyn troad y ganrif.
Mae'r bwa yn wal yr adeilad y tu cefn yn lleoli'r safle o flaen y stabl.*

Plant yr ysgol yng nghanol y tri degau.

Rhes gefn (o'r chwith): Catrin Jane Jones, Mary Jane, Maggie, Sal Morris, Gwen Rhandir, Annie Mary Griffiths, Mary Morris Bryngwyn/Tynbeili

Miss Evans, Cassie Evans, Dic D. Brynbeidiog, Edwin James, Trefor D. Brynbeidiog, Jack Stedman, Wil Baigent, Dai Ty'n Sil (Bryngwyn Penuwch), Wil Ifans, Miss Davies, Moc Rees.

Tom Isaac Goetre, Twm Davies Penglanowen, Trefor Morgan Penlôn, Annie Mary Herbert, Beti Crees, Lisi Jones, Lisi Evans, Nance Ifans, Ann Huws, Nellie Isaac, Anne Lewis.

Rhys Griffiths Cefn Coch, John Griffiths Cefn Coch, Owen Morris Gwarcaeae, Llew Jones Rhosygarreg, Elwyn Jones Tanbryn, Styfin Ifans Tynewydd, Ianto Evans Grip, Eilir Evans.

Rhes flaen (o'r chwith): Emrys Griffiths Cefn Coch, Dai Lewis Tŷ Go', Dai Rees Maesllyn, Ieuan Jones Ffynnonwen, Gwyn Jones Ffynnonwen, Brinley Davies Brynbeidiog, Ifan Rees Felin Saint.

(Cafwyd yr wybodaeth wreiddiol hon oddi wrth Ann Mason Davies, Lletygwyn)

Y proffesor, a chauffeur *y Vauxhall, yn ei lifrai gorau!*

Ar y ffordd adref o'r ysgol. Richard, mab y proffesor, ar y dde a Leis fy chwaer yn ei warchod rhag y bwlis.

Mae'r ddesg ar y chwith yn y llun yma o blant yr Ysgol Fwrdd yn dal yn llofft yr ysgoldy.

Derbyneb am drin dannedd. Mae'n amlwg fod yn rhaid talu am y poen!

Yr Ysgol o fewn rhai blynyddoedd iddi gael ei chodi. Mae Wil Woodward, y siopwr sy'n byw ar y dde i'r ysgol wedi ysgrifennu ar gefn y llun: "Dyma lun yr ysgol newydd a'n tŷ ninnau".

Wil Woodward, siopwr o flaen ei amser a chrefftwr printio'r ardaloedd cyfagos.

Pan oedd yn ifanc roedd Wil Woodward, yn amlwg yn ôl ei hysbyseb, yn siopwr gwledig o flaen ei amser. Datblygodd yn ddiweddarach yn brintiwr ar gyfer pob achlysur.

Rhaid fyddai hel y cadno dros bant a bryn a thrwy'r afon. Blinedig fyddai dringo benglog Rhandir ar dde'r llun.

Llythyr o law'r
Mistir wrth
drefnu te parti
i'r ysgol gan y
tirfeddianwr
lleol.
Mae'n siŵr fod
hyn yn dân ar ei
groen wrth gofio
ei ddaliadau
gwleidyddol.

> Council School, Llangwyryfon
> 27th June 1921
>
> Mr and Mrs Loxdale of Castle Hill, on the occasion of Miss Loxdale's marriage, have arranged to give tea to the children attending this school, on Wednesday next the 29th inst. at 3 p.m. and I am writing to ask you, as a daughter of one of Mr. Loxdale's tenants, if you can make it convenient to come over (by 2.30 pm) to wait at the tables. Should you be prepared to do so, please bring with you 6 cups & saucers with the other necessary articles including a tablecloth.
>
> I shall feel grateful if you will also provide a small quantity of milk. In case you will be unable to come please let me know.
>
> Yours faithfully
> James James
>
> Miss Jones
> Gorslas

Tysteb i Mistir.
Casglwyd £76 - 16 - 6

Testimonial

TO

Mr. JAMES JAMES, C.M.,

HEAD TEACHER OF LLANGWYRYFON C. SCHOOL.

ON THE OCCASION OF HIS RETIREMENT, SEPTEMBER 20th, 1943.

LIST OF SUBSCRIBERS.

	£	s.	d.
Mr. R. Phillips, M.Sc., and Mrs. Phillips, College Farm	2	2	0
Mr. and Mrs. Evans, London (Draenllwyn)	2	2	0
Mrs. J. Parry Williams, London (Escwn)	2	2	0
Rev. T. L. Williams, Priest Vicarage (Penglanwen)	2	2	0
Mr. D. J. Davies, London (Troedyfoel)	2	2	0
Mr. J. Jones and family, Brynchwyth	1	10	0
Mr. and Mrs. Morris, Bow Street (Deuenllwyn)	1	1	0
Mrs. Davies, Cwmbychan (Brynchwyth)	1	1	0
Mr. R. Jones, Feindre, Llearhystyd	1	1	0
Mr. Isaac Davies, Ton, Pentre (Gwarcwead)	1	1	0
Mr. E. Lewis Davies, Maesholding	1	1	0
Mr. E. Parry, Llwynfynwent	1	1	0
Mr. J. Isaac, C.C., Tyroell	1	0	0
Mr. and Mrs. Harry Evans, London (Rhandir Isaf)	1	0	0
Mrs. Davies, Glyn Peris, Llanon (Glanrafon)	1	0	0
Mr. E. Lewis, Felingnaiol, Llearhystyd	1	0	0
Mr. J. Davies and family, Penglanowarn Fach	1	0	0
Mr. William Jones, Gorslas	1	0	0
Mr. T. H. Davies, Gorslas	1	0	0
Messrs. Evans Bros., Rhydfodir	1	0	0
Mr. H. J. Williams, Penglanowen Faw	1	0	0
Mr. and Mrs. Williams, Rhandir Uchaf	1	0	0
Messrs. Jones Bros., Tynllwyn	1	0	0
Cotains family	1	0	0
Achybryn family	1	0	0
Wernfach family	12	6	
Tynbeili Fawr family	12	6	
Miss Maggie Davies, London (Draenllwyn)	10	6	
Mr. John Davies, do.	10	6	
Mr. William Davies, do.	10	6	
Mrs. D. T. Jones, London (Fanglugan)	10	6	
Mrs. Jones and Mr. Aelwyn Jones, Tonybryn	10	6	

Tystysgrif un o ddisgyblion Ysgol Sul Blaenpant. Pwy heddiw fyddai yn barod i ddysgu ar y cof ddeg pennod gyntaf Llyfr y Diarhebion?

Rhai o blant yr ardal yn dathlu'r Coroni yn 1937 – pob un â'i fedal.

LLANGWYRYFON.

CORONATION SPORTS PROGRAMME

	PRIZES	
	1st	2nd

Children's Section:-

6 years and under:

40 yards Flat Race for Boys	6d	3d
40 yards Flat Race for Girls	6d	3d

10 years and under:

80 yards Flat Race for Boys	9d	4d
80 yards Flat Race for Girls	9d	4d
40 yards Two-Legged Race (Mixed)	6d	3d

14 years and under:

100 yards Flat Race for Boys	9d	4d
100 yards Flat Race for Girls	9d	4d
Boys: High Jump	9d	4d
Girls: Threading the Needle Race	9d	4d
Mixed: Egg and Spoon Race	9d	4d
Mixed: Blindfold Race	9d	4d

16 years and under:

Obstacle Race (Mixed)	1/-	6d
100 yards Flat Race for Boys	1/-	6d
100 yards Flat Race for Girls	1/-	6d
Boys Cycle Race	1/-	6d
Sack Race (Mixed)	1/-	6d
Three-legged Race (Mixed)	1/-	-
Blindfold Race (Mixed)	1/-	-
Egg and Spoon Race (Mixed)	1/-	-

21 years and under:

200 yards Flat Race for Boys	1/-	-
100 yards Flat Race for Girls	1/-	-
Boys: High Jump	1/-	-
Boys: Long Jump	1/-	-
Eating the Bun (Mixed)	6d	-

Open Competition:-

	Prize
100 yards Flat Race for Boys	1/-
100 yards Flat Race for Girls	1/-
Blindfold Barrow Race (Mixed)	6d
High Jump	1/-
Sack Race (Mixed)	1/-
Putting the Weight	1/-
Long Jump	1/-
Long Race (3 laps)	3/-
Standing Jump	1/-
Fast Cycle Race	2/-
Tug of War (8 aside)	2/-
Tug of War (8 aside) – over 40	2/-
60 yards Flat Race – over 50	1 oz. Ringers Tobacco
Pole Jump	1/-
Egg and Spoon Race	9d
QUOITS	1/-

Mabolgampau'r Coroni yn 1937.
Sylwer ar y gystadleuaeth eating the bun, *a'r wobr am y ras dros hanner cant!*

*Cwrdd y Mynydd wrth droed y Mynydd Bach. Y gamboau yn eu lle yn Sêt Fawr
i'r pennaf o'r 'pechaduriaid'.*

*'A phan welodd y tyrfaoedd esgynnodd i'r mynydd' – ond Cwrdd Gweddi'r Mynydd
Bach oedd hwn.*

Rhaglen Eisteddfod 1920 i godi arian at gofeb y milwyr a gafodd eu lladd yn y Rhyfel Byd Cyntaf. Gwnaed elw o £34.

Rhaglen dadorchuddio cofeb i'r ddau a gollwyd yn yr Ail Ryfel Byd.

*Bois y Felin - cabinet y pentref. John y Saer, Styfin y Melinydd a'r storiwr, Jo y
ffermwr a'r pen siaradwr, William Jones Gorslas, cefnder, a William, rheolwr siop
Powell. Y Prifathro yw'r un sydd ddim yn y llun.*

*Mari Felin, y chwaer, a ofalai ar
ôl y brodyr yn y Felin ac yn
Nhŷ'r Ysgol.*

Y Felin, cartref y brodyr, aelodau cabinet y pentref!

Capel Saron yr Annibynwyr – capel Mistir a'i frodyr.

Siop y pentre yn gwerthu popeth, o goesau offer i 'cneicers' pinc!

Siop Powell, lle roedd William, brawd Mistir, yn rheolwr. Perchnogai'r cwmni nifer o fusnesau yn y dre. Hon fyddai'r siop agosaf ar ôl cau Siop Jane.

Carden Goffa John Hughes, mab Jane Hughes, yr hen siopwraig, a fu farw o'r diciau yn un ar hugain oed. Naddodd adnodau testun ei bregethau ar lechau'r to.

ER SERCHUS GOF AM

JOHN HUGHES,

Anwyl fab Jane a'r diweddar John Hughes, Cornelofan, Llandderwel, Llanrhystyd, Aberystwyth,

Yr hwn a fu farw Hydref 11eg, 1909,

Yn 21 Mlwydd Oed.

Ac a gladdwyd y dydd Sadwrn canlynol yn Mynwent Llanilar.

Er Serchus Gof

AM

MRS. JANE HUGHES,

Cornelofan, Llangwyryfon,

BU FARW

Dydd Sadwrn, Mawrth 6ed, 1937,

YN 55 MLWYDD OED

Ac a gladdwyd ym mynwent Eglwys Llanilar, dydd Iau, Mawrth 11eg, 1937.

Taflen angladd Jane Hughes. Sylwer mai Cornelofan, enw'r ardal, yn hytrach na Thŷ Isaf, a nodir yma.

65

Hoe i'r prif siopwr gyda Glyn ei nai.

Thomas a Madlen, Pantygors gyda'u hwyres o flaen drws y tŷ.

Gor-or wyres Thomas a Madlen Pantygors a ddaeth yn Miss Wilmslow Manceinion, ac yn ddiweddarach yn Miss North of England yn Blackpool.

ER SERCHUS GOFFADWRIAETH

AM

THOMAS DAVIES,

Anwyl Briod Magdalen Davies, Pantygors, Llangwyryfon,

Yr hwn a hunodd yn yr Iesu Dydd Mawrth, Medi 14eg, 1909,

YN 78 MLWYDD OED,

Ac a gladdwyd yn Mynwent Llangwyryfon, y Dydd Sadwrn canlynol.

ER ANWYL GOFFADWRIAETH

AM

Magdalen Davies,

PANTYGORS,

YR HON A FU FARW GORPHENAF 4YDD, 1912,

YN 81 MLWYDD OED,

AC A GLADDWYD YN MYNWENT LLANGWYRYFON DYDD MERCHER CANLYNOL,

Cardiau Coffa Thomas a Madlen Pantygors.

Y Vauxhall 14, EJ3779, gyda'i lwyth gwair. Fy nhad yn codi a Dafydd Griffiths, yr hen sowldiwr, ar ben y llwyth. Tebyg mai'r proffesor, fel arfer, oedd y gyrrwr.

Nhad yn gwneud mwdwl llafur. Mam, Gwynne fy mrawd ar y dde, Richard bach Aelybryn yn y canol wedi cael ei gadw'n lân am y tro, a finnau, yr un brwnt, ar y chwith.

Jo'r Felin, yn barod bob amser i roi ei farn ar bawb a phopeth.

Offer ffermio'r Felin yn y cae bach yn barod i'r ocsiwn.

David Evans Cnwc y Barcud, oedd yn cwyno am gymorth y beirniad canu yn y Cwrdd Bach.

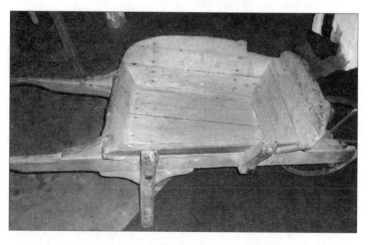

Un fel hyn oedd y ferfa a ddaeth yn enwog!

Un o dripiau 'bechgyn y bont a'r stand laeth' ym mýs Jac.

Rhaglen Eisteddfod Glannau
Wyre 1922 i godi arian at yr
ysbyty newydd.

LLANGWYRYFON.

CYNHELIR

Eisteddfod Glannau Wyre

yn y lle uchod.

DYDD MERCHER, MAI 31ain, 1922

LLYWYDDION.

Prynhawn : T. W. POWELL, Ysw., Y.H., Aberystwyth.
Hwyr : WILLIAM DAVIES, Ysw., Llanilar.

ARWEINYDD :

Parch. W. ILAR EDWARDS, LLANON.

BEIRNIAID :

Cerdd : DAN JONES, Ysw., Mus. Bac., F.T.S.C., Ferndale.
Llen : Parch. J. R. WILLIAMS, Llanddewi Brefi, Llanio Rd.
Celf : Mrs. Owen, Picardy ; Mrs. Rees, Maeslyn ; Mri. D.
  Edwards, Wyre Villa ; J. Evans, Grip ; R. Morice, Pen-
  gelli ; ac E. Evans, Rhomlin.

CYFEILYDDES :

Miss ANNIE DAVIES, Lledrod.

Mynediad i mewn.

Dau Gyfarfod : Blaenseddau, 3s. ; Obseddau, 2s. ; Plant dan
  14eg oed 1s.

Y Cyfarfodydd i ddechrau am 1 a 5-30 o'r gloch.

Rhagleni (pris 2g. drwy'r llythyrdy, 3c) i'w cael oddiwrth yr
  Ysgrifenyddion.

DARPERIR YMBORTH.

YR ELW I YSBYTY Y SIR, ABERYSTWYTH.

Cadeirydd y Pwyllgor : Mr. DAN EVANS, Felinewm.
Trysoryddion : Mri. E. Parry, Llwynfynwent a J. J. Edwards,
  Penciug.
Ysgrifenyddion : Mri W. James, Commercial Stores a Glyn Davies,
  Ysgol y Cyngor, Llangwyryfon, Llanrhystyd.

Cambrian News (Aberystwyth), Limited.

*Y Parchedig John Edwards, ar y pen ar y chwith, ym mhriodas fy ewythr Jim.
Fy nhad-cu yw'r hen ŵr yn y canol gyda Mam, 'rheolwraig siop y gegin' yn
drydedd ar y dde yn y cefn.*

*Anrheg diolchgar y Parchedig
'bechadur' am y cig moch a'r wyau.*

Capel Tabor gyda'r toiledau wedi eu gwyngalchu erbyn y Gymanfa Ganu.

Capel bach yr Annibynwyr, yr ysgol a Siop Powell o gae Tanrallt.

Rhai o'r teulu fin nos, a dau neu dri o fechgyn y ffags, mewn hwyliau da.

Doedd gyda ni ddim biliau na hysbysebion fel y rhain, dim ond y cof ac ambell nodyn ar galendr Bibby's neu un Dyn y Glo!

Ysgoldy Blaenpant, mud ac anghysbell ac wedi hen gau.

Y rhan olaf o'r 'ddyrys ffordd' i gapel Blaenpant a fu'n gymaint rhwystr i un pregethwr.

Y ciosc fel y mae heddiw yn yr anialwch a dim golwg o'r riwbob!

Cornelofan fel y mae heddiw.

prin na'r cyffredin i'w rhoi i Mistir, yn esgus am y dychwelyd hwyr. Byddem yn pwysleisio nad oeddem yn gyfarwydd â'r blodau hyn ac y carem gael eu henwau neu wybod rhywbeth amdanynt! Roedd ganddo ddiddordeb mawr mewn byd natur ond os byddai'r hwyliau'n ddrwg, y drefn fyddai cosfa'n gyntaf ac yna'r wers natur, ond os oedd e mewn hwyliau da caem bregeth a gwers natur, a chyfle i hanner cysgu wrth adrodd y 'mawr, cymaint, mwy, mwyaf' tra byddai'r gofrestr yn cael ei llenwi.

*   *   *

Roedd rhai adegau o'r flwyddyn pan fyddai'r ysgol yn cael ei throi wyneb i waered gan roi Mistir mewn hwyliau drwg. Un o'r rheiny oedd ymweliad blynyddol y doctor. Byddai hyn yn dân ar ei groen, nid yn gymaint am nad oedd yn cytuno â'r ymweliad, er mai dyn bach digon sarrug a checrus oedd y doctor, ond am fod yn rhaid symud y plant bach allan o'r rŵm fach i rannu ystafell gyda'r plant hŷn. Câi'r plant bach eu gwthio i ben pellaf y rŵm fawr lle byddai pawb yn bwyta tocyn amser cinio. Byddai eu mynd a'u dod beunyddiol i'r tŷ bach, eu sŵn parhaus a'u hedrych o gwmpas busneslyd (am eu bod mewn lle dieithr) yn torri ar draws y gwersi. Gan fod offer dysgu a chwarae'r plant lleiaf yn dal yn y rŵm fach doedd ganddynt fawr ddim i'w diddori ac felly, er cymaint ymdrech yr athrawes i'w cadw'n dawel, byddai'r sŵn ar gynnydd. Edrychai Mistir yn sarrug arni ac mae'n siŵr ei bod hithau'n teimlo'n anniddig iawn ac yn dyheu am gael dychwelyd i'w hystafell. Medrai fod yn feistr caled ar y rhai oedd oddi tano pe na fyddent yn dysgu ac yn rheoli wrth ei fodd. Byddai sŵn y plant bach yn gwneud iddo gerdded tuag atynt fel pe bai'n bwriadu tawelu Tŵr Babel ond yna byddai'n troi'n ôl yn sydyn rhag bychanu'r athrawes yn ein gŵydd ni. Merch ifanc fyddai honno bron bob amser, yn aml heb drwydded ac yn syth o'r Ysgol Ramadeg, wedi ei hanfon gan y Cyfarwyddwr Addysg i ddysgu wrth droed Gamaliel. Mae'n siŵr yr ysai ar brydiau i ffoi o'r ffau.

Un bore cofiaf gael ein codi ar y ffordd i'r ysgol gan y doctor yn ei gar mawr du. Agorodd y ffenestr a gweiddi '*Jump in and don't make a mess*'. Ni chlywyd yr un gair arall gan y Doctor Ernest Jones weddill y daith. Y peth cyntaf a wnâi ar ôl cerdded i mewn i'r ysgol yn ddi-gnoc oedd glanhau'r bwrdd du a gwneud i Mistir edrych fel pe bai am ei grogi. Onid oedd e wedi bod yn panso i osod nodiadau'r wers yn drefnus ar y bwrdd du, rhywbeth yr ymfalchïai ynddo, gan bwysleisio y dylai ein llyfrau ysgrifennu fod yr un fath? A nawr dyma'r Doctor wedi difetha'r cyfan! Wedi glanhau'r bwrdd du byddai'r Doctor Ernest yn mynd ati i sgriblan cartŵn arno'n gyflym, yn gywrain a chrefftus. Edrychem yn gegagored ar y llun yn ymddangos o flaen ein llygaid ond yn cael siom yn y diwedd am nad oeddem yn adnabod y cymeriad. Sais oedd y Doctor a chartwnau comics Saesneg oedd ffrwyth ei ymdrechion. Tybed a wyddai ef am Wil Cwac Cwac ac Ifan Twrci Tenau? Cyngor y Doctor bob amser i'r rhieni a fyddai'n bresennol yn ystod ymchwiliad oedd '*give him plenty of* cawl'.

Roedd ymweliad y deintydd yn debyg i Weledigaeth Uffern y Bardd Cwsg. Byddai hwn wedi ymweld â'r ysgol wythnosau cyn y gwir ymweliad er mwyn edrych ar ddannedd pawb a byddai ei ysgrifenyddes wedi nodi, ar ei gais, y pydredd yng ngheg pawb. Prin iawn oedd MacLeans a Colgate bryd hynny a dim ond ambell frwsiad gyda halen neu dropas, os byddai rhywun yn ddigon mentrus i'w defnyddio, a gâi ein dannedd. Rai dyddiau ar ôl yr ymweliad deuai llythyron i'r ysgol i'w dosbarthu ymhlith y rhai a fyddai, ymhen ychydig ddyddiau, yn wynebu'r heldrin wrth geibio'r pydredd allan o'u dannedd.

Ar fore'r frwydr, pan fyddai'n rhaid 'darostwng y cewri cedyrn fyrdd i lawr', byddai dodrefn y diafol yn cyrraedd. Byddai angen pedwar o'r bechgyn mwyaf i gario cadair y dioddefaint i mewn, gyda Mr Percy Evans, y deintydd, yn arwain y ffordd i'r rŵm fach. Dilynid y gadair gan focsaid neu ddau o binsiyrnau a nodwyddau hir pigfain, a bwced mawr enamel fel bwced comôd a welid mewn ocsiynau dodrefn. Hwn fyddai'n dal ffrwyth y sgrechian a'r wylofain, a ffrwyth llafur y deintydd a'r nyrs. Yn olaf, cludid llond pot-cario-te-i'r-cae o ddŵr pinc i olchi'r gwaed o'r tyllau a'r geg. Erbyn hynny byddai gwedd y sawl a fyddai'n cymryd rhan yn y seremoni farbaraidd wedi gwelwi'n arw a byddent wedi suddo a thoddi'n bentwr i'w hesgidiau.

Ymhen hir a hwyr byddai'r nyrs yn galw enw a'r oen yn cael ei arwain i'r lladdfa, a hithau'n cydio'n dynn mewn braich rhag ofn i'r oen ddianc o'r belsen. Deuai tawelwch llethol am ennyd o'r rŵm fach a chydymdeimlad o'r rŵm fawr. (Nid felly'r plant bach a oedd yn swnllyd, fel arfer, canys ni wyddent, ym mlodau eu dyddiau, beth oedd yn eu disgwyl!) Yna byddai rhyw riddfan tawel yn chwyddo i uchafbwynt o boen wrth i'r nodwydd frathu, cyn tawelwch eto am gyfnod. Byddai pawb yn edrych tuag at y drws er mwyn gweld y clwyfedig yn dod allan a'r broses drosodd. Yna byddai sgrech annaearol eto wrth i'r pinsiwrn wneud ei waith. Un ar ôl y llall, griddfan ar ôl griddfan, sgrech ar ôl sgrech nes i'r rhestr ddod i'w therfyn. 'Wedi elwch, tawelwch fu' ac erbyn amser cinio byddai pethau 'nôl i drefn; y gadair, y pinsiyrnau a'r nodwyddau 'nôl yn y car a hyd yn oed y bwced a'i ddrifls o waed yn batrymau o ddiferion ar yr ochr allan, wedi mynd. Efallai fod ambell i sgrech fud yn dal i ddisgwyl gollyngdod yng nghonglau'r ystafell o hyd, yn barod i gael eu rhyddhau os byth y sonnid am y fath driniaethau. Byddai'r cleifion gyda macyn poced a sgarff dros eu cegau gwaedlyd i gadw drafft draw. Amser cinio'r diwrnod hwnnw byddai sawl tocyn a photelaid o laeth yn sbâr, yn rhyw fath o ddihareb – heb ddannedd, heb ddim. Sôn am seicoleg ...!

*   *   *

Cyrhaeddodd y fintai gyntaf o faciwîs o Lerpwl ar ddydd Gwener a chafwyd prynhawn o wyliau er mwyn eu dosbarthu i gartrefi'r fro. Y bore Llun canlynol roedd hi'n halibalŵ yn yr ysgol gan fod y faciwîs, gyda Miss Savage eu hathrawes, wedi perchenogi'r rŵm fach. Roedd y plant bach unwaith eto yn y rŵm fawr ond gyda'u hoffer y tro hwn, gan fod Styfin Comins wedi eu symud yn ystod y penwythnos i ben draw'r ystafell a'r hwyliau cyffredinol yn o wan. Roedd hi'n amlwg wrth y sŵn a ddeuai o'r rŵm fach nad oedd disgyblaeth ysgolion Lerpwl i'w chymharu â safon disgyblaeth Llangwrddon. Chwarae teg i Miss Savage, roedd llawer o'r plant yn ddieithr iddi ac nid oedd ganddi lyfrau nac offer i'w dysgu a'u diddori. Oherwydd y sŵn, byddai hwyliau Mistir yn gwaethygu o funud i funud. Cerddai'n ôl a blaen at ddrws y rŵm fach gan daflu ambell bip drwy wydr y drws a sylwi ar y cerdded blith-draphlith, swnllyd a ddeuai o gyfeiriad y sgwaters. Byddai'n arferiad ganddo daflu ambell bip trwy'r gwydr er mwyn cadw llygad ar athrawes y plant bach, yn enwedig os oedd honno'n newydd a dibrofiad. Fel yr âi'r bore yn ei flaen byddai'r cerdded yn digwydd yn amlach a'r pipo'n hirach. Roedd hi'n amlwg ei fod e'n dioddef. O'r diwedd, methodd â dal yn hwy ac i mewn ag ef. Ymhen eiliad daeth y cyntaf allan gan ddisgyn yn un sgid hir ar lawr y rŵm fawr. Dilynwyd ef gan un arall, ac un arall, nes eu bod yn bentwr mawr yn ymdrybaeddu trwy'i gilydd ar y llawr. Wedi iddynt ddatblethu trowyd y cyfan allan i gyntedd y bechgyn ac aeth yntau ar eu hôl gyda'r wialen. Aeth yr holl ysgol fel y bedd – hyd yn oed y plant bach, gan iddynt hwythau glywed y sŵn a gweld y pentwr cyrff. Pwysai Miss Savage yn erbyn drws y rŵm fach gan grio'n dawel i'w macyn poced. Roedd y bechgyn mwyaf a fyddai fel arfer mor amharod i weithio ac yn ceisio dyfeisio pob math o esgusodion rhag gwneud hynny, bellach â'u pennau i lawr mewn parchedig ofn, er yn taflu ambell gewc i gyfeiriad drws y cyntedd. Y bore canlynol cafwyd normalrwydd unwaith eto a'r faciwîs wedi eu halltudio i festri'r capel a'r siblins yn ôl yn y rŵm fach. Roedd Lerpwl bellach wedi ei gorchfygu!

Mynych fu'r ymrafael rhwng y ddwy blaid ar ddolydd y Felin ac ni chafwyd heddwch nes i'r rhan fwyaf ddychwelyd i Lerpwl. Arhosodd rhai a dod yn

Gymry Cymraeg ardderchog. Clywais yn ddiweddar gan Ieuan Parry, cyd-ddisgybl yn yr ysgol, ei fod ef yn bresennol pan anogodd un o'r faciwîs hyn ni, blant yr ardal, i ymosod ar fintai newydd o faciwîs a ddaeth yn ddiweddarach i'r ardal gan ddweud, 'Dowch, i roi cosfa i'r Saeson!'

* * *

Doedd y neilltuo i gyntedd y bechgyn ddim yn beth newydd nac annisgwyl. Pan fyddai cwyn yn cyrraedd Tŷ'r Ysgol gyda'r hwyr, neu i'r ysgol yn ystod y dydd, am ryw ddrygioni a wnaed tua'r Felin, y siop neu efail y gof, byddai'n rhaid ymgynnull o gwmpas wal y cyntedd. Byddai angen dal y 'gweilch' a'u cosbi fel na ddigwyddai'r un camwedd eto. Byddai cwyn yn dod oddi wrth Miss Savage yn aml am fod ambell faciwî wedi cael cweir, a hyd yn oed oddi wrth ddeiliaid y Tŷ Capel am ymosodiadau, hyd yn oed yng nghwrt y capel, ond ni châi'r cwynion hyn glust gan Mistir gan fod chwalfa'r rŵm fach yn dal yn y cof.

Byddai cwest y cwynion eraill yn digwydd yn y cyntedd. Wedi gofyn, neu yn hytrach orchymyn i'r drwgweithredwyr gyfaddef – rhywbeth na fyddai byth yn digwydd – byddai'r weithred seicolegol yn dod i rym. Bachid coler rhyw ddau o'r bechgyn lleiaf a'u llusgo i ganol y llawr fel dau focsiwr mewn cylch ymladd. Ar ôl codi digon o ofn arnynt, gofynnid iddynt enwi'r pechaduriaid yn y gobaith y byddent yn barod i ateb. Ond go brin, gan y byddai llygaid-cweir-amser-chwarae yn edrych 'nôl arnynt. Codi ofn oedd prif ddiben y ddrama ond gwyddai'r diniwed y byddai holl gosb nefoedd ac uffern yn digwydd pe troseddid trwy yngan gair.

Byddai gafael yn y coler o'r tu cefn a rhoi ysgydwad yn ffordd arferol o baratoi ar gyfer croesholi. Byddai'r gafael mor gadarn nes gwneud i fotwm uchaf y crys saethu fel corcyn o botel siampên. Cofiaf i'm brawd hynaf ddweud wrth Mistir y byddai'n rhaid iddo wnïo'r botwm yn ôl! O, mor ffôl! Gorfu iddo dalu'n hallt; ni fedrodd erioed gau ei geg. Pe sylwai Mam fod y botwm yn eisiau byddai holi mawr ynglŷn â'r camymddwyn oherwydd gwyddai fy rhieni, trwy brofiad, fod rhyw ddrwg wedi bod yn y caws ac efallai y byddai cosb arall i ddilyn.

Yn ddieithriad, os byddem yn hwyr yn cyrraedd 'nôl ar ôl hel y cadno a'r esgus ddim wedi plesio, cwrt yn y cyntedd fyddai hi bob tro. Byddai'r wialen allan fel rhybudd, y botymau'n hedfan i bob cyfeiriad a'r tusw blodau yn ddim ond torch angladd uwch ein dioddefaint.

* * *

Pan fyddai'r tywydd wedi sychu a chynhesu erbyn diwedd mis Mawrth, byddai'r bechgyn hynaf a fyddai'n gadael yn yr haf yn cael eu hanfon yn y prynhawniau i helpu gwahanol grefftwyr y pentref. Âi un neu ddau at y saer er mwyn rowlio olwynion certi i'r efail i gael eu cylchu; un neu ddau arall i'r efail i roi help llaw gyda'r cylchu; un neu ddau i'r Felin i lanhau'r pynfarch; a rhywun i'r siop neu at y printer efallai. Byddai'r ymweliadau'n cylchdroi er mwyn cael profiad o wahanol grefftau. Roedd hyn yn ymarfer da i rai oedd ar fin gorffen eu haddysg. Ni cheid unrhyw broblem gyda disgyblaeth gan fod pawb yn awchu am amser allan o'r ysgol a'r gwaith ymarferol yn codi diddordeb.

I ychwanegu at y gweithgarwch hwn byddai'n bryd glanhau a phalu gardd yr ysgol. Roedd yr ardd yn eang gyda llwybrau trefnus rhwng y gwelyau i arbed troedio ar y pridd a'i galedu. Cyn palu roedd gorchwyl llafurus arall i'w wneud, sef cario dom o domen y Felin. Gwaith y disgyblion cryfaf fyddai hyn, bob yn ddau – un rhwng y siafftiau a'r llall yn tynnu'r rhaff fyddai wedi cael ei chlymu wrth echel y whilber. Roedd y daith o'r domen i'r ardd yn faith; dros afon Beidog, heibio i'r efail, trwy'r sgwâr a heibio i'r siop, tan wal Tŷ'r Ysgol ac yn waeth na phopeth, i fyny'r llwybr cefn i'r ardd. Fel y soniwyd o'r blaen, roedd y llwybr hwn yn serth iawn, ei wyneb yn las a heb lawer o drafael arno, dim ond i lanw'r ffownten o'r pistyll i wneud te'r gaeaf.

Pren oedd y whilber gydag olwyn haearn. Roedd hi'n syndod sut y parhaodd dros y blynyddoedd o'i mynych gam-drin wrth ddiwallu'r angen am ddom i'r ardd. Yn aml byddai'n cael ei gorlenwi gan ddau a dybiai eu bod o frid Samson. O dan y pwysau gollyngid hi i'r llawr yn ddiseremoni pan fyddai wedi mynd yn rhy drwm, neu ei moelyd am yr un rheswm. Byddai'r tynnwr rhaff ar brydiau'n diogi ac yn gadael i honno fynd yn llac nes ei bod yn lapio am yr echel. Er mwyn dadwneud y broblem honno rhaid fyddai tynnu ar ras am rai llathenni i gael y llac yn dynn unwaith eto, gyda'r un rhwng y siafftiau yn methu dilyn gan adael iddynt fynd yn rhydd. Byddai'r llwyth wedi ysgafnhau cryn dipyn erbyn cyrraedd yr ardd a seigiau o'r cynnwys yn domenni ar hyd y ffordd. Nid yw whilber drom a phlant yn gweddu i'w gilydd!

Roedd gwersi i'w dysgu wrth balu. Rhybuddid y palwr i wthio'r bâl yn syth i'r ddaear ac nid ar oledd – palu'n ddwfn ac nid cochi'r wyneb oedd gorchymyn Mistir. Cadwai lygad ar y palwyr drwy'r ffenest ond anaml iawn y ceid chwarae dwli gan fod colli chwys wrth balu yn well na phendroni a dala pen uwchben gwaith ysgol.

Pan fyddai'r tywydd yn ffafriol byddai'r bechgyn i gyd yn cael mynd allan i'r ardd tra byddai'r merched yn gwnïo gyda'r athrawes a chadw llygaid ar y plant bach. Rhaid fyddai sefyll yn rhes ar y llwybrau tra byddai un o'r bechgyn, o dan gyfarwyddyd Mistir, yn agor rhych ac yn hau'r had fyddai'n cael ei arllwys i'w law agored o ryw becyn llwyd – nid pecyn lliwgar hadau gardd arferol. Ar ôl hau, a phopeth mewn trefn, rhaid fyddai torri brigau hirion o'r cloddiau gerllaw i'w gosod ar y gwelyau gan y byddai ieir siop Woodward yn dod i'r ardd ac yn gwalo yn y pridd chwâl. Byddai Mistir yn taflu aml i gewc drwy'r ffenest, fel plismon ieir, cyn anfon rhywun allan ar ras i ymlid y tresbaswyr pluog yn sgrechog yn ôl drwy'r sietin ar ôl iddynt gael blas dyrnaid o gerrig, neu droed yn eu pen-ôl os byddai'n ddigon cyflym ac ystwyth.

Pan ddaeth hi'n wanwyn olaf Mistir a chyn iddo gyhoeddi ei ymadawiad (er bod y si eisoes ar led), cyfarfu Sanhedrin y drws tŷ glo i gynllunio'r ffarwél olaf i'r ardd. Roedd siop William, y brawd, fel Woolworth, yn gwerthu popeth o bicwarch i bot jam, fel y gweddai i siop wledig. Y tu allan i'r drws, os oedd y tywydd yn sych, byddai Glyn ei nai a brawd Dai'r Felin, un a fu farw'n rhy ifanc o lawer, wedi gosod nifer o sachau'n llawn hadau ar gyfer y ffermwyr. Byddai'r sachau'n gegagored ac wedi eu torchi'n drefnus – sachau swej, mangyls, rêp ac eraill. Trefnodd y Sanhedrin, y bechgyn oedd ar eu hwythnosau olaf yn yr ysgol, i bocedu dyrnaid o'r gwahanol hadau wrth fynd a dod heibio drws y siop. Roedd y rhain i gael eu cadw'n ofalus erbyn diwrnod hau gardd yr ysgol.

Efallai am fod Mistir ag un llygad ar ymddeol, neu am fod rhai o'r bechgyn lleiaf a oedd yn sefyll o'r neilltu yn fwy anystywallt nag arfer yn tynnu ei sylw (a phwy a ŵyr nad oedd hynny hefyd yn rhan o gynllun y Sanhedrin), cafwyd cyfle i hau hadau sachau William Siop yn hytrach na hadau'r pacedi llwyd arferol. Ymhen rhai dyddiau gwelwyd Mistir yn plygu'n fyfyrgar uwch gwelyau'r ardd gyda golwg braidd yn syn ar ei wyneb. Roedd yr heuwyr efrau'n cadw llygad nid ar yr ardd ond ar Mistir ac yn hanner ofni y byddai'n rhaid cyfaddef i'r drosedd ar ddydd y farn – a fyddai'n siŵr o gyrraedd cyn hir! Ymhen wythnosau roedd hi'n amlwg nad cynnwys y pacedi llwyd oedd yn tyfu yn yr ardd ond yn hytrach blanhigion caeau fferm. Hir y bu'r disgwyl am y gorchymyn i sefyll o gwmpas wal y cyntedd ac i'r storm dorri, ond dim ond hindda a gafwyd. Bu'n rhaid trin y planhigion dieithr yn union fel y byddent yn cael eu trin ar gae fferm ac nid ynganwyd gair o feirniadaeth. Pan ddaeth y cnydau i oed cynaeafu gwahoddwyd ffermwr a oedd wedi ymddeol i'w casglu'n fwyd i'w ferlen.

* * *

Prin iawn y dyddiau hynny oedd achosion o blant yn symud ysgolion oherwydd cwynion am yr addysg neu ryw gam-drin. Ar ddiwedd y 1920au daeth bachgen (llwyn a pherth!) a arferai fynychu'r ysgol wrth droed y Mynydd Bach i ysgol Llangwrddon gan fod ei fam yn teimlo nad oedd yn cael chwarae teg yn ei ysgol leol. Y tebyg yw nad oedd hyn yn wir, gyda'r bai nid ar yr ysgol ond ar yr achau a'r genynnau a ddaeth i'w ran o ganlyniad i'r caru bôn clawdd! Bellach roedd gan yr Einstein bach hwnnw daith o dair milltir i'w cherdded i'w ysgol newydd, boed law neu hindda. Un prynhawn, wrth lusgo'n flinedig tuag adref i Drefenter, cafodd ei daith ei hatal gan hen ferch a edmygid yn yr ardal am ei pharch a'i buchedd dda. Gofynnodd iddo, yn ei ffordd garedig arferol, a fyddai'n barod fore trannoeth, sef fore Sadwrn, i fynd ar neges i siop William ar ei rhan. Golygai hyn gerdded yr un daith hirbell â'r dyddiau ysgol ond roedd y bachgen yn ddigon parod ei gymwynas gan fod swllt neu ddau yn y fargen. Roedd wrth y drws ben bore a chafodd amlen gaeedig i'w rhoi i'r siopwr a rhybudd i ddod â'r neges yn ôl yn ofalus. Ar y ffordd i lawr fe wawriodd arno y byddai'n dda pe medrai ddarllen cynnwys yr amlen yn hytrach na'i rhoi yn nwylo'r siopwr. Gwyddai am berthynas y siopwr â'r prifathro a gwyddai hefyd y byddai Jo neu Styfin ar y gadair uchel wrth gownter y siop yn glustiau i gyd ac yn barod i hau pob stori. Oni fyddai'n bluen yn het y sgolor bach petai'n medru dangos i'r brodyr ei fod yn dod ymlaen yn dda gyda'i addysg yn ei ysgol newydd a'i fod bellach yn ddarllenwr rhugl? Byddai'r stori'n siŵr o fynd yn ôl i glustiau'r prifathro a phawb arall yn yr ardal a'r cyfan yn glod mawr iddo.

Cyrhaeddodd y siop a chael popeth fel y dychmygodd. Tynnodd yr amlen oedd bellach wedi ei hagor allan o'i boced, safodd yn dorsyth o flaen William Siop a dwedodd ei fod yno ar neges ar ran Miss Jones. Darllenodd o'r papur fel y bu'n ei ymarfer ar y ffordd, gan ddweud fod ar Miss Jones angen 'one cneicer and a collar pinc'. Tynnodd y siopwr y papur o'i afael a darllenodd yn uchel, '*one knicker, colour pink*'. Do, fe aeth y stori dros y wlad a hyd yn oed i Dŷ'r Ysgol!

Fel teulu doedden ni ddim yn rhai da yn y bore. Prin iawn y cyrhaeddem yr ysgol erbyn y gloch naw; byddai'n hanner awr wedi naw yn aml ac weithiau yn nes at ddeg o'r gloch gan fod dwy filltir i'w cerdded a llawer o gerrig dala ar y ffordd. Ar fore cynnes o haf onid gwyrth oedd y we o emau gwlithog a ymestynnai o goesau'r bysedd y cŵn i ddail y rhedyn ac yntau'r copyn coesog yn cuddio'n ei ogof. Un cyffyrddiad bach ysgafn â blewyn ar y gemau a byddai'n rhuthro allan yn obeithiol am y brecwast a fyddai'n gwingo yn y rhwyd. Yna deuai sŵn cyfarth diddiwedd y tu hwnt i'r tro yn y ffordd ac wedi rhuthro draw gwelid ambell gi defaid yn dawnsio o gwmpas y belen frathog oedd yn ei demtio, ond eto'n rhy bigog i'w drwyn. Ar ôl anfon y ci am adref rhaid fyddai aros yn dawel a llonydd nes y byddai'r draenog wedi blodeuo ac agor, cyn sleifio drwy'r drysni wrth fôn y clawdd. Yn nes ymlaen tyfai llwyni o lus duon bach ar ben y clawdd ac ar y deilach byddai nifer o chwilod du yn cripian. Rhaid fyddai dal y rhain a'u traed yn grafog ar dor y llaw. Wedi poeri arnynt byddem yn llafarganu, 'chwilen ddu, chwilen ddu, gwaeda di cyn lladda i dy dad a dy fam'. Ymhen eiliad neu ddwy byddai'r domen boeri'n troi'n goch fel gwaed. Hyn oll, a myrdd o nythod adar, fyddai'n ein gwneud yn ddiweddar bob bore.

Rhaid fyddai creu esgusodion celwyddog am fod yn hwyr: y tegell brecwast yn hir yn berwi; y bara'n ffres ac felly'n anodd ei dorri i wneud tocyn i bedwar; y botel laeth wedi torri ar y ffordd i'r ysgol a gorfod mynd yn ôl adref i gael un arall; neu dwll yn yr esgid yn peri aros yn aml i gael y cerrig mân ohoni! Prin y coelid y mân esgusodion dychmygol a byddai'r rhybuddion rhag bod yn hwyr eto yn eger.

Ceid yr un helynt wrth fynd adref. Oni fyddai rhyw was fferm bron ym mhob cae gyda phâr o geffylau'n denu sylw? Byddai'n rhaid neidio'r clawdd i fynd ato neu sefyll ar ben y dalar i'w ddisgwyl i gyrraedd pentir. Os mai troi fyddai ei orchwyl byddai'r ceffylau'n barod iawn i gymryd hoe tra byddai'r sgwrs yn felys. Yn aml iawn, un o gyn-ddisgyblion yr ysgol fyddai'n aredig a byddai'n holi'n eiddgar iawn am y newyddion diweddaraf o'r fan honno. Cyn gadael rhaid fyddai cael tro rhwng cyrn yr arad tra byddai'r leiniau'n dal yn ei

ddwylo e, er na fyddai rhyw lawer o'u heisiau gan y
cerddai'r pâr yn unionsyth, un yn y rhych a'r llall ar y
cefn, o fynych brofiad.

Bryd arall corlannaid o ddefaid fyddai'n denu – ar
amser marcio clustiau ŵyn neu waredu ambell ddafad
o glwyf o gynrhon, yn enwedig ar ddyddiau mwll canol
haf. Yn y gaeaf plygu sietin fyddai'n tynnu sylw a chael
llaw ar y bilwg i orwedd ambell gangen i'w lle, gan gofio
nodi'r fan i weld a fyddai bywyd newydd wedi egino
ohonynt pan redai'r gwanwyn trwyddynt.

Ar ddyddiau sychedig byddai aml i bistyll neu
ffynnon ar y daith ddwy filltir yn torri syched. Roedd
dŵr ffynnon Penpompren yn well ac yn iachach na'r un
ffynnon arall gan y byddai Mari wedi dal broga i'w roi
yn y dŵr; roedd coel y byddai'r dŵr yn berffaith iach os
medrai'r broga fyw ynddo. Lawer gwaith ar y daith
gorweddem fel y crwt hwnnw yn llun Constable, i
ddrachtio o ddŵr aml i ffynnon, er y caem ein
rhybuddio i beidio gor-yfed dŵr ffynnon gan ei fod
mor oer.

Ond roedd un garreg ddala fwy na'r cyfan. Hanner
ffordd i'r ysgol roedd cartref Elen, gwraig yn ei chwe
degau a fyddai bob bore wedi gosod ei bronnau maint
cnau coco i bwyso ar ffrâm y gât y tu allan i'r tŷ.
Byddai'n disgwyl amdanom ac fe'n cadwai ni i siarad a
ninnau heb sylweddoli mai diben y siarad oedd ein

gwneud yn hwyr i'r ysgol, a chael cosb am hynny. Dial oedd hi am y drygioni a gâi ei wneud o gwmpas ei thŷ pan fyddem ar ein taith adref o'r ysgol. Fel yr wy a'r iâr, wn i ddim pa un ddaeth gyntaf, ei dial hi neu ein drygioni ni? Dant am ddant fu hi o'r ddwy ochr beth bynnag! Bryd hynny peth dieithr oedd tap dŵr yn y tŷ ac felly bob bore byddai ei gŵr yn cerdded rhyw ddau can llath i fyny'r ffordd i roi bwced enamel gwyn o dan bistyll i'w lenwi a byddai'n ei gario adref gyda'r nos wrth ddod o'i waith. Yn yr haf nid oedd ond prin ddiferion yn arllwys o geg y pistyll a gosodid deilen bigfain ar geg piben y pistyll er mwyn arwain y diferion i'r bwced, yn hytrach na'u bod yn dilyn yn ôl o dan y biben. Erbyn dod adref o'r ysgol byddai'r bwced tua thri chwarter llawn ac yn demtasiwn dyddiol i roi dyrnaid neu ddau o bridd ynddo'n slei bach. Gan mai hwn oedd eu cyflenwad dŵr am y dydd byddai'n rhaid ei daflu a cherdded ar draws tri chae i ffynnon i gael bwcedaid arall ar ôl gorffen gwaith.

Ambell dro, gan ddibynnu ar y postmon, byddem yn cael ein cario adref yn fan y post; doedd fawr o lythyron ynddi gan nad oedd neb yn y cylch yn ysgrifenwyr mawr! Fe'n rhybuddid ni i guddio o dan ffenestri'r fan wrth fynd heibio tŷ Elen neu byddai'n siŵr o ddweud wrth William Siop, postfeistr y pentref, a hwnnw wedyn yn clapian wrth y prif bostfeistr yn y dref. O gael ein dal, cerdded fyddai hi wedyn am wythnosau nes anghofid y pechod, a'r postmon yn anghofio'r rhybudd a gafodd!

Un prynhawn o law mân trwm, diferai dau ohonom ein ffordd adref o'r ysgol yn ddigon penisel nes i rywbeth gwahanol i'r arfer dynnu ein sylw. Beth welem ar y lein yng ngardd Elen ond blwmers mawr, tebyg i *barrage balloon* amser rhyfel. Llond pen-ôl o flwmers a hwnnw, os nad wedi lledu, yn sicr wedi ymestyn dan bwysau diferion y glaw mân. Doedd neidio'r clawdd ddim yn broblem ac mewn eiliad safem o flaen y wisg eliffantaidd gan ryfeddu sut y medrai un ddynes ei lenwi i'w ymylon. Roedd yr olygfa wedi ein synnu gymaint fel na fedrem ddyfalu pa ddrygioni i'w wneud am rai eiliadau. Ond daeth goleuni, a chlymwyd cwlwm yn y ddwy goes. Daeth goleuni ychwanegol pan welwyd tri neu bedwar ceiliog coesog, pluog, yn diferu eu diflastod o flaen drws caeedig y tŷ ieir yng nghornel yr ardd. Hawdd oedd eu dal wrth iddynt ddisgwyl i rywun agor y drws gan eu bod nhw naill ai'n rhy wan neu'n rhy wlyb i ddianc ymhell. Rhoddwyd un bob un yn nwy goes y blwmers, gosodwyd pegiau sbâr i ddal y blwmers yn yr uchelderau, cyn ei gwân hi trwy gae cyfagos. Y cip olaf a gafwyd oedd y blwmers yn neidio i fyny ac i lawr ar y trapîs.

Y bore dilynol, pwy oedd yn ein haros ar y ffordd i'r ysgol ond plismon y pentref cyfagos. Roedd yn holi'n fanwl, fel Herod gynt, am ymddangosiad y ceiliogod yn y blwmers. 'Pwy roddodd y ceiliogod ym mlwmers Mrs Jones?' oedd ei ymholiad. Ni pharodd yr holi'n hir gan fod nifer o faciwîs yn cerdded yr un ffordd i'w hysgol hwythau ac felly roedd hi'n ofynnol iddo gyfieithu'r holwyddoreg. Tipyn o embaras oedd cyfieithiad Saesneg y plismon a chan fod y faciwîs o Lerpwl dipyn yn fwy *streetwise* na phlant y wlad ac yn gwybod am hynt a helynt cyfathrachu rhywiol y ddynoliaeth, cafwyd hwyl fawr am ben cyfieithiad lletchwith y plismon, '*Who put the cock in Mrs Jones's bloomers?*' *Case dismissed* oedd hi'n fuan iawn!

Yn ystod y gwanwyn a'r haf byddai presenoldeb y disgyblion yn yr ysgol braidd yn isel oherwydd y gwaith cneifio, y cynhaeaf gwair a'r llafur. Ceid gwyliau arbennig yn ystod y rhyfel i hel tatw a hyd heddiw caiff ei alw'n 'wyliau tatw' ar lafar gwlad. Yn yr hydref a'r gaeaf byddai presenoldeb yn cynyddu er gwaethaf y tywydd garw a'r ffordd bell i gerdded i'r ysgol. Roedd hi'n draddodiad gan Bwyllgor Addysg Sir Aberteifi i gyflwyno hanner diwrnod o wyliau pe byddai presenoldeb yr ysgol yn uchel ambell i fis. Roedd hyn yn hwb i gael presenoldeb uwch ac os byddem ar ein hennill byddai Mistir yn gohirio'r gwyliau tan ddyddiad rhyw ocsiwn fferm yn yr ardal. Byddai presenoldeb yn sicr o fod yn isel ar ddiwrnod fel hyn beth bynnag a da o beth felly fyddai cadw'r gwyliau mewn llaw.

Tyrrai'r rhan fwyaf o'r plant i'r ocsiwn ar ôl y tocyn cinio a'r llaeth arferol a chaem ein cystwyo'n aml gan yr oedolion am fod mor fusneslyd yn chwarae ar bob peiriant ar gae'r ocsiwn. Byddai poster yr ocsiwn wedi bod yn hongian rai wythnosau cyn y diwrnod mawr ond, fel plant, ychydig iawn a ddeallem ohono er ei fod wedi ei brintio gan Wil Woodward, y printiwr lleol. Mawr fyddai'r dyfalu beth oedd *whipletrees* neu *winnower* a geiriau tebyg a ymddangosai ar y poster. Pam na fyddai'r geiriau Cymraeg yn cael eu defnyddio – 'cambren' a 'nithiwr a oedd mor gyfarwydd i bawb? Cymry oedd y gwerthwyr a Chymry oedd y prynwyr. Roedd termau megis *vendor*, *purchaser* a *strictly cash day of sale* y tu hwnt i ni'r plant ac i rai o'r oedolion hefyd, mae'n siŵr. Yn sicr roedd y geiriau ar lorri cario anifeiliaid Shami Stevens, a fyddai ym mhob ocsiwn, y tu hwnt i'r sgolor mwyaf – *stock insured in transit*.

*   *   *

Gan fod Cornelofan a Llangwrddon yn ardaloedd gwledig iawn, ychydig, os dim, o ddiddanwch y dref a'r pentrefi agosaf at y dref a geid yno. Mae'n siŵr mai ychydig iawn o blant yr ysgol a fu yn y pictiwrs a dim ond rhyw un ymweliad i lan y môr unwaith yn ystod gwyliau Awst a geid, er nad oedd hwnnw ond wyth milltir i ffwrdd. Roedd gan y rhan fwyaf o'r gweision feic ac ar ambell i nos Sul heidient i gapeli'r dref os byddai pregethwyr enwog yn llanw'r Sul yn un ohonynt. Ar ôl yr oedfa ar nosweithiau Sul yn yr haf, ymuno â Chôr y Castell i ganu emynau fyddai'r drefn wrth iddynt gyfarfod ar y prom.

Ym mlynyddoedd cynnar y rhyfel, pan oedd pethau'n edrych yn bur dywyll, byddai fan y *Ministry of Information* yn dod o gwmpas y pentrefi i geisio codi calonnau pawb trwy ddangos lluniau symudol, fel rhan o bropaganda'r cyfnod. Agorid drysau cefn y fan i ddangos sgrin wen a rhywfodd, o berfeddion y fan, ymddangosai lluniau ar y sgrin. Dangos nerth byddin Prydain oedd diben yr holl beth a chanmol ysbryd-dal-ati trigolion y trefi mawr a gâi eu bomio. Ar y diwedd ceid ambell gartŵn i'r plant a fyddai'n cael derbyniad a chroeso mawr, er na ddeellid eu hanner.

Byddai ambell enghraifft o dor-cyfraith yn digwydd o bryd i'w gilydd, gan greu tipyn o syndod a rhoi cyfle i siarad. Dau grwt ysgol fu'n gyfrifol un tro, er y dadleuent hwy eu bod yn ddi-fai ac efallai bod hynny'n wir. Un nos Sul, roedd y ddau wedi mynd am dro yn ddigon diniwed ar fanc y Grip ond roedd mynd am dro ar y Sabath yn bechadurus yng ngolwg rhai o'r piwritaniaid. Roedd banc y Grip yn llechwedd eithriadol o serth, rhyw dri chan llath o beniwaered i lawr i afon Wyre yn y dyffryn, mewn canolfan fach a fu'n ddigon poblogaidd, sef Felincwm. Doedd yno ond dau dŷ, un bob ochr i'r afon, ac olion hen felin ddŵr. Mari Felincwm a drigai yn un o'r tai ac fe gadwai siop yn y gegin o dan y to gwellt a oedd bellach wedi ei orchuddio â sinc. A hithau'n bedwar ugain oed, cerddai Mari filltir a hanner, deirgwaith y Sul, i oedfaon Capel Tabor ac at ei dosbarth Ysgol Sul. Gyferbyn, yr ochr arall i'r afon, yn y tŷ o dan y llechwedd fawr, trigai Ifan Ifans, ffermwr wedi ymddeol, blaenor mawr ei barch ac Ynad Heddwch.

Wrth i'r bechgyn gerdded ar fin y llechwedd mae'n debyg iddynt ryddhau – yn anfwriadol yn ôl eu hamddiffyniad yn y cwrt – garreg o ddarn o'r clawdd ar ymyl y gwared. Wrth gwrs, wnaiff pob carreg ddim symud ymhell o'i rhyddhau ond hen garreg ddaear oedd hon, talpen fawr fel penglog, a oedd, oherwydd ei ffurf, yn barod iawn i dwmblo. Gan fod y llechwedd mor serth dechreuodd y garreg gyflymu ar ei hynt nes o'r diwedd ddechrau neidio dros y mân dyfiant a'r rhedyn a dyfai yno. Anelai ei chwrs yn ddigon diniwed am yr afon islaw ond, yn sydyn, yn y neidio digyfeiriad, newidiodd ei chwrs ac anelu am yr unig dŷ o'i blaen. Yng nghefn y tŷ roedd un ffenest fach o faint macyn poced gwraig fonheddig ac ar y silff honno y gosodai'r Ynad Heddwch ei radio. Eisteddai fel arfer wrth y bwrdd o flaen y weierles i wrando ar y rhaglenni Cymraeg a ddeuai o'i chrombil ond y noson honno, am ryw reswm neu'i gilydd, eisteddai wrth y tân. Yn sydyn, daeth y garreg drwy'r ffenest a chario'r radio gyda hi i ben draw'r ystafell yn fanion o wydr a gwifrau. Roedd y garreg, ar ei thaith i lawr y llechwedd, wedi taro'r unig fan a allai fod yn niweidiol a phe byddai'r ddau grwt ysgol wedi ceisio gwneud hynny filoedd o weithiau ni fyddent wedi llwyddo. Ond y noson honno – jacpot!

Amser i werthu

Go brin y byddai Tesco, er ei holl wanc, na chwaith yr un o'r archfarchnadoedd eraill, yn barod i lyncu'r siop wledig yn yr ardal. A go brin hefyd y byddai eu sothach o fwyd parod yn ddigon o fodd i gynnal ffermwyr a gweision mewn cwter neu wrth fôn clawdd. Cig moch hallt a chawl oedd maeth y rhain, a baco Ringers i gadw'r anhwylderau cyffredin draw.

Sôn yr wyf am y math o siop wledig oedd i'w gweld ganol y ganrif ddiwethaf mewn ardaloedd amaethyddol fel ein hardal ni. Yn aml iawn, cegin gyffredin mewn tŷ cyfleus fyddai'r siop, yn ddim mwy na chwpwrdd neu ddau, ychydig silffoedd a siéd y tu allan i gadw'r mân bethau nad oedd yn gweddu i'r tŷ, fel poteli Corona a'u tebyg a thanc i gadw'r oil paraffîn ar gyfer y lampau. Doedd gan y siop-cegin-fyw ddim oriau agor na chau a gellid mynd yno bob dydd o'r flwyddyn, rhywbeth na fedr Tesco hyd yn oed frolio'n ei gylch.

Erbyn hyn mae bywyd gwlad a thref wedi mynd yr un fath â'i gilydd, yn wahanol iawn i gyfnod siop gwraig fel Jane. Y tŷ isaf mewn rhes o dri oedd ei siop hi – tri thŷ gydag enwau arbennig iddynt, sef Tŷ Isaf, Tŷ Canol a Thŷ Mawr. Tŷ Isaf fel y nodais oedd Tŷ Jane a Thŷ Mawr oedd ein tŷ ni am ei fod yn fwy ac yn dŷ fferm rhyw bum cyfer ar hugain. Roedd yna enw cyffredin ar yr ardal fel y soniais eisoes, sef Cornelofan, ac adwaenid y tri thŷ dan yr enw hwnnw. Gwahaniaethid rhyngddynt yn ôl enwau'r sawl oedd yn byw ynddynt a hynny heb fod yn broblem o gwbl i Twm Post.

Prin iawn fyddai'r cwsmeriaid yn ystod y dydd gan nad oedd neb am golli amser yn siopa tra byddai'r haul yn yr awyr. Na, gwybed a ddeuai allan gyda'r nos oedd cwsmeriaid y siop. Bryd hynny llenwid yr ystafell fyw, pob cadair a sgiw, yn barablus lawn a phob stori ddiweddar yn cael ei lledu. Hithau'r hen wraig, ymhell dros oed yr addewid, yn ffwndrus symud o gwpwrdd i silff er mwyn cyflawni ceisiadau ei chwsmeriaid. Baco i hwn a Woodbines i'r llall, pwys o siwgwr o'r sach neu de o focs pren Lewis y Te, y trafeiliwr deufisol. Y cyfan mewn bagiau gleision wedi eu clymu â chordyn main oedd yn hongian fel cynffon llygoden o'r bellen yn un o jygiau'r dreser. Pop, ffags a chisis (melysion) fyddai angenrheidiau'r ifanc a'r papur lleol wythnosol i'r gwas bach oedd o dan rybudd i ddod adref ar unwaith heb golli amser. Prysurdeb gyda'r hwyr fyddai hi ynghyd â'r clandro yn nrôr y dreser am newid i hanner coron ac ambell bapur chweugain.

Wrth lusgo, ar gam sigledig fel cam baban, o bwys dreser i sgiw wrth ddelio ag un cwsmer ar ôl y llall, roedd yn arfer gan Jane i ochneidio'n drwm bob hyn a hyn a rhoddai hyn gryn hwyl i'r bechgyn ifanc y tu ôl i'w chefn. Byddai ambell un mwy haerllug na'i gilydd yn barod i'w dynwared er mwyn rhoi gwên ar wynebau ond byddai llygaid agored rhybuddiol ar wynebau eraill a wyddai'n well. Gwyddai'r rhain am glwyf ei chalon. Onid oedd John ei mab wedi marw o'r diciâu a phwy a ŵyr nad oedd y golled yn trymhau wrth roi cwstwm i'r bechgyn ifainc iach, llawn bywyd a lenwai ei chegin? Fel llawer gwraig weddw yn y cyfnod hwnnw rhoddodd ei bryd ar fagu mab i'r weinidogaeth ac roedd siom un ar hugain oed yn dal i ddolurio'r galon.

Ni fu John erioed yn fachgen cryf ac ers ei blentyndod roedd pregethu wedi mynd â'i fryd. Gan fod y ddaear y tu cefn i'r tŷ cyn uched â'r llechi nid oedd angen ond cam bach i groesi'r gwter a chyrraedd y to. Dyma bulpud John a'r fan lle byddai'n paratoi a thraddodi ei bregethau. Cyn hynny rhaid fyddai naddu'r adnod gyda hoelen ar un o lechi'r to – nid rhyw sgribl ond naddad dwfn a oedd yn amlwg hanner can mlynedd a mwy ar ôl y torri, a hynny mewn ysgrif *copperplate*. Dewisai adnodau byr, neu gymal o adnod, fel 'Yr Iesu a wylodd' neu 'Duw cariad yw' ac roedd y rhain i'w gweld – tua ugain ohonynt – hyd nes ail-doi'r to yn y 1950au.

Daeth tymor gwasanaethu cwsmeriaid yr hen siopwraig i ben ac fe'i claddwyd hi'n barchus yng ngŵydd ei thyaid cyfeillion, gydag ardal gyfan mewn gofid o golli cyfleusterau'r siop fach leol. Tair milltir fyddai hi bellach i'r siop agosaf, siop naw tan chwech heb gyfle i hidlo'r stori a'r hynt ddiweddaraf a chael ychydig hwyl wedi gwaith y dydd. Bellach byddai'n rhaid i'r gwas ddiffodd y lamp stabl yn gynt, y forwyn i newid ei brat yn syth ar ôl swper cyn cychwyn ar daith hirbell am glonc a phaced o ffags. Byddai'n rhaid i'r ffermwraig roi'r poni yn y trap a mynd ar drip dwy awr er mwyn cael siwgwr a the a mân angenrheidiau eraill a'r cyfan yn costio oriau o waith i ambell ffermwr a hawliai bob owns o waith o groen pob creadur dwygoes.

Doedd hi ddim yn rhyfedd felly fod rhyw ddau neu dri, ac ambell un wrtho'i hunan weithiau, yn trafod y golled mewn mart neu oedfa; nid yn unig colli gwasanaeth prin mewn ardal wledig ond colli hefyd 'ganolfan wybodaeth' a cholli amser o orfod teithio ymhell wedi hynny. A ninnau, teulu fferm fach Tŷ Mawr, oedd testun bron pob trafodaeth. Onid oedd y tŷ fferm yn gyfleus, o fewn dau dŷ i siop Jane, ar groesffordd ac o fewn cyrraedd bws a stand laeth –

rhywbeth a ddaw'n amlwg iawn yn nes ymlaen? Gofynnwyd, yn wir fe ymbiliwyd, a hyd yn oed fe'n heriwyd ni i wneud y *takeover* a dod, nid yn unig yn fferm fach, ond hefyd yn dŷ marsiandïaeth o fri! Roedd ambell un yn pwysleisio'r gwasanaeth a roddem i'r gymdeithas, eraill yn sôn am elw busnes, a ninnau'n gwybod yn dda mai crafu byw a wnâi'r hen Jane, hyd yn oed gyda'i choron o 'bensiwn Lloyd George'. Cyfleuster ac arbed amser oedd eu prif gymhelliad, er na fyddent yn cyfaddef hynny!

* * *

Ar fore'r cyntaf o Ebrill, dydd Ffŵl Ebrill, symudwyd y tair silff, y cwpwrdd baco gyda'i duniau Ringer's Shag ac A1 Shag, y tanc oil lamp, y cisis o silff isaf y dreser, y dafol bwyso a'r poteli pop, gan gynnwys y rhai gwag gan fod y rhain yn werth ceiniog o'u dychwelyd, heb anghofio'r bellen gordyn main o jwg y dreser. Symud y cyfan o'r tŷ isaf i'r tŷ mawr, ein tŷ ni. Y bore braf hwnnw, gyda chefnogaeth merch Jane a oedd bellach yn byw yn Sir y Fflint ac yn falch o gael gwared â'r cyfan, roeddem mewn busnes. Busnes a ddaeth â chryn anhawster ar brydiau ynghanol holl weithgareddau'r fferm; llond tŷ bob Sul, gŵyl a gwaith ond heb fawr ddim elw.

I gegin fawr fferm nid oedd y siop yn bwyta rhyw

ormod o le ond nid felly gadeiriau'r cwsmeriaid. Prin iawn oedd y rhai fyddai'n dod ac yna'n mynd heb oedi, a phrinnach fyth y rhai fyddai'n aros ar eu traed; eistedd i sgwrsio fyddai hi bob tro, yn enwedig gyda'r hwyr. Roedd y tanc oil a'r poteli pop wedi cymryd eu lle yn y sièd wrth law, gan wneud geriach blaenorol y lle hwnnw'n amddifad ac felly fe'u storiwyd mewn rhyw gornel arall. Cafodd y cwpwrdd baco hoe am gyfnod, a mawr fu'r grwgnach, gan fod yn rhaid mynd gerbron y Fainc i gael newid y drwydded a rhoi'r arwydd priodol *Licenced to sell tobacco* uwchben y drws. Byddai'r siop ar agor bob awr o'r dydd a'r nos a phob dydd o'r wythnos! Wel, nid 'pob awr o'r dydd' yn union oherwydd, er ei bod ar agor, digon prin fyddai'r mynd a'r dod yn ystod y dydd – ychydig brysurdeb yn y bore a lladd nadredd gyda'r nos.

Lawer tro bu'n rhaid codi ganol nos i daflu ambell becyn o ffags neu owns o faco drwy ffenest y llofft i ryw was fferm fu allan yn caru'n hwyr, neu ffermwr fu'n gwylied y fuwch i ddod â llo. Di-hwyl iawn fyddai cerdded caeau yn llawn o ddefaid ar fin dod ag ŵyn ganol nos heb flewyn o faco a digon yn y siop ar bwys; dim ond deffro'r cysgwyr fyddai raid. Os colli cwsg, waeth i eraill ei golli hefyd! Ym mhob amgylchiad 'talu fory' oedd yr arferiad a bu'r talu hwyr hwnnw'n golled lawer tro, nid o fwriad, ond o anghofrwydd o'r ddwy ochr.

Roedd yna rai cwsmeriaid fyddai'n arferol hwyr a chan mai'r un fyddai'r cais bob amser, ac ar yr un noson, byddai'n rhaid mynd â'r ffags, y baco neu'r angenrheidiau arferol i fyny i'r llofft wrth noswylio. Rhyw slwmrian cysgu wedyn nes clywed yr alwad neu'r cerrig mân yn taro'r ffenest cyn codi a thaflu'r nwyddau i'r dwylo agored. Byddai ambell un, hyd yn oed ar awr mor annaearol, yn barod i holi am y stori ddiweddaraf neu ofyn faint oedd y ddyled am y 'siopa drwy'r ffenest' y tro diwethaf. Wrth ffarwelio byddai'r cwsmer yn addo gadael yr arian ar drothwy'r drws neu roi papur chweugain o dan y drws. Anodd fyddai dal pen rheswm ar awr o'r fath a chwsg ar y glannau.

Ar y Sabath, er culed yr ysbryd, byddai ambell gwsmer yn galw ond anaml y byddai'n rhywun lleol. Gwas fferm o ardal arall wedi dod adref ar ei feic i newid ei grys a chael dillad glân ar gyfer yr wythnos i ddod efallai; paced o ffags a hanes yr hen ardal fyddai ei gais, a gwydraid o bop pe bai'r tywydd yn boeth a'r pedlo'n chwyslyd. Un nos Sul, yn ddi-gnoc (fyddai neb yn cnocio fel arfer) pwy gerddodd i mewn ond plismon yr ardal, er ei fod yn byw ryw dair i bedair milltir i ffwrdd. Roedd hi'n arferiad i ddau blismon o ddwy ardal gyfagos gwrdd â'i gilydd mewn man arbennig bob nos Sul i drafod dihirod y fro – y rhai hynny fyddai bob amser heb olau ar eu beiciau, ffermwyr heb drwydded i'r cŵn, plant yn dwyn falau a drwgweithredwyr mawr o'r fath. Roedd hwn yn blismon newydd i'r ardal a phan ofynnodd am baced o Players – ffags oedd y tu hwnt i gyflog gwas fferm – ni symudodd neb i'w hestyn iddo. Roedd pawb wedi rhewi fel drysïen ar noson o rew caled. Ai ceisio ein dal yr oedd am werthu ar y Sul – er mor amlwg y *Licenced to sell tobacco*? (Nid oedd hwnnw'n weithredol ar y Sabath.) Er gwaetha'r ofn o golli'r drwydded, symudodd 'run ohonom ni'r plant, a oedd yn rhy ddiniwed i wybod yn well, i estyn y pecyn John Players! Crybwyllodd Mam, '*manager of the establishment*' a oedd yn fwy goleuedig na'r plant, fod y sigaréts am ddim i groesawu'r plismon newydd, gan bwysleisio ar yr un pryd pa mor werthfawr fyddai'r plismon i'r ardal. Fe wyddai Mam nad oedd rhoi rhywbeth am ddim yn dorcyfraith ac y byddai gweniaith a chanmoliaeth yn beth da dan yr amgylchiadau.

Deallodd y plismon y sefyllfa ac eisteddodd i lawr yn gartrefol a rhoi'r tâl dyledus i Mam. Ar aml i nos Sul wedi hynny cawsom ei gwmni a byddai'n barod iawn i gymharu'r ardal ag ardal ei fagwraeth ef yn Sir Frycheiniog. Mae'n siŵr iddo, drwy'r mân siarad, hidlo llawer o wybodaeth am yr ardal a oedd yn fuddiol iawn i glustiau plismon, yn ddiarwybod i ni. Roedd rhannu gwybodaeth yn fuddiol y naill ffordd a'r llall, gan y byddai yntau'r plismon, ar adegau, yn sôn am ei waith gan gyfeirio at ei ddyletswydd ar nosweithiau arbennig. Yn ystod y tymor wyna yn y gwanwyn byddai'n mynd o

gwmpas ffermydd yn oriau mân y bore i weld a oedd y
cŵn wedi eu cau i mewn ac ar dennyn, rhag ofn iddynt
grwydro i ladd defaid. Caem ninnau gyfle i rybuddio'r
ardal fod y gyfraith ar droed! Tystiai llawer fod cudd
ddatgelu'r wybodaeth hon yn bwrpasol gan y plismon;
dyna oedd ei anian – plismona synhwyrol mewn ardal
oedd â'i thrigolion, ar wahân i fân wendidau, yn parchu
cyfraith a threfn.

* * *

Yn ystod yr wythnos roedd gan y siop ei hamrywiol
weithgareddau ar nosweithiau arbennig. Nos Lun
fyddai noson yr wyau; ar y noson hon byddai ffermwyr
yr ardal yn anfon eu meibion neu'r gweision â'r fasged
wyau i'r siop er mwyn eu gosod mewn bocs arbennig
fyddai'n cael ei gasglu fore Mawrth gan gwmni o
Landeilo. Byddai'r basgedi'n cyrraedd rhwng chwech a
deg o'r gloch os byddai'r tywydd yn anwadal ond ar
amser cynhaeaf byddai'n rhaid ymestyn yr oriau hyd at
un ar ddeg neu hyd yn oed ddeuddeg, neu ar godiad
fore Mawrth. Roedd hwyl a miri i'r noson hon ar ôl
syberwch y Sul.

Ein gwaith ni oedd gosod yr wyau mewn pocedi
cardbord yn y bocs a chaem y swm enfawr o geiniog a
dimai'r dwsin am wneud hynny gan y cwmni. O dan yr
wy olaf o bob fferm byddai'n rhaid rhoi darn o bapur o

lyfr cownt arbennig gyda'r wybodaeth angenrheidiol arno, a gofalu rhoi copi o'r papur yn y fasged wag. Byddai'r tâl yn dod yr wythnos ganlynol. Yn ogystal â'r tâl o geiniog a dimai i'r bocsiwr roedd yna ambell waith dâl ychwanegol i ni: wy wedi cracio, gan nad oedd y rheiny i fynd i'r bocs ac ofer fyddai eu hanfon yn ôl i'r fferm – byddai hwnnw'n frecwast a thâl ychwanegol. Bob yn ŵy felly o gefn gwlad y cadwyd ffwrneisi ac olwynion diwydiant y de i droi.

Byddai nos Fawrth yn noson weddol dawel, dim ond ambell owns o faco neu baced o ffags fyddai'r trêd. Ringers oedd y baco, neu'r 'baco gore' bob amser, a dau fath o hwnnw – Ringer's Best a Ringer's A1 Shag. Ni fyddai neb yn gofyn am yr *A1* wrth ei enw ond yn hytrach yn gofyn am 'baco'r gloch' gan fod llun cloch fawr ar y papur allanol. Roedd y ddau faco'n Samson o smoc a gwell fyddai i'r gwannaf o blant dynion ymatal rhagddynt, rhag peswch a thuchan ei hun i farwolaeth. Baco ffermwyr gwledig o'r iawn ryw ac ysgymun beth i bobl tref! Mae'r cwpwrdd lle cedwid y stôr ar gael o hyd, ond nid i'r un defnydd ac nid yw trigain mlynedd wedi cael gwared â'r arogl. Bydd hwnnw'n parhau hyd dragwyddoldeb fel Craig yr Oesoedd!

Woodbines oedd y ffags poblogaidd, er y byddai ambell 'doff' a weithiai yn y dref yn gofyn am Players, gyda morwr barfog ar y paced. Roedd prifathro'r Coleg Diwinyddol, a oedd yn byw ar bwys y siop, yn uwch ei safon na hyd yn oed y 'toffs' gan mai Craven A oedd ei sigarét e, gyda chath ddu fel pe bai'n canu grwndi ar y blaen. Smociai hwn ryw hanner modfedd yn unig o'r sigarét ac yna byddai'n ei thaflu. Byddai'r plant yn ei ddilyn o hirbell i godi'r tri chwarter sigarét i'w gorffen wrth fôn y clawdd. Perswadiem ein hunain fod hyn yn berffaith iach gan fod hanner modfedd o bapur brown ar ei blaen. Wrth gwrs eu bod yn berffaith iach, onid oedd y dyn yn bregethwr ac yn bwysig yn y coleg?!

Ie, nos Fawrth, gyda'i thawelwch prin o gwsmer. Byddai'n gyfle i barti unsain neu barti pedwar llais gael ymarfer yn y parlwr erbyn yr eisteddfodau lleol. Y parlwr oedd man ymarfer y canu bob amser. Tybed a oedd yr arogl henaint a'r tamprwydd yn lles i'r llais? Yn y gegin y byddai'r partïon cydadrodd yn ymarfer eu darnau gosod a gwae unrhyw un a dorrai ar draws yr ymarferion wrth ddod i'r tŷ am ei neges. Disgwylid iddynt gripian yn dawel i'r gadair agosaf ac aros am eu neges nes y byddai'r ymarferion drosodd. Rhaid fyddai iddynt wrando'n dawel ar y perfformiad fel beirniaid craff. Cynhelid ymarferion y plant yn y prynhawn yn syth ar ôl yr ysgol a byddai ambell frechdan jam yn cadw newyn draw ac yn anogaeth i'r plant wneud eu gorau. Daeth sawl gwobr i'n tŷ ni, fel y profai'r rhubanau amryliw yn y cwpwrdd cornel.

Byddai nos Fercher yn noson fawr ac amrywiol – noson y *Welsh Gazette*, yr wythnosolyn lleol. Noson y ffermwyr fyddai hon yn fwy na neb arall gan fod y papur yn cynnwys pob math o hanes lleol ac yn llawn manylion ynglŷn â phrisiau'r farchnad, a gwybodaeth fanwl am bob ocsiwn a sêl. Byddai bwndel o'r papur yn cyrraedd gyda'r bws chwech a'r gyrrwr yn ei daflu trwy'r drws agored i ganol y llawr, heb godi o'i sedd. Yn eu tro, ar ôl swper, byddai'r ffermwyr lleol yn cyrraedd fel gwenyn i gwch ac ar ôl llwytho'r bibell yn ofalus a'i chynnu o'r tân agored, byddent yn troi at y papur. Rhaid fyddai ei ddarllen yn fras yn y cwmni cymdeithasol ac am awr ceid perffaith dawelwch. Byddai'n awr debyg i gwrdd gweddi ond yn lle'r 'Amen!' a'r 'Diolch iddo!' clywid ambell 'Wel, wel, pwy fase'n meddwl!' neu ryw sylw o syndod cyffelyb. Ar adegau clywid sŵn troi tudalennau ac nid ar chwarae bach y gwneid hynny. Roedd y papur yn cael ei argraffu ar un dudalen enfawr a gâi ei phlygu'n bedair tudalen ddidoriad, ac os am ddarllen canol y papur byddai'n rhaid cael hyd dwy fraich i droi trosodd. Golygai hyn y byddai'n rhaid i'r tri a eisteddai ar y sgiw godi yn eu tro er mwyn cael lle i ledu adenydd i weld dirgelion y canol cuddiedig.

Yn aml byddai gan ambell gwsmer ddefod arall i'w chyflawni cyn ymdawelu â'i drwyn yn y papur. Ar ôl dewis lle i eistedd, neu wedi i ddarllenwyr eraill wneud lle iddo eistedd, byddai'n mynd trwy ryw fath o seremoni bersonol: teimlo'i bocedi, fel dihiryn yn cael ei archwilio gan blismon, gan wneud hyn ddwywaith neu dair; yna chwilio ym mhocedi'r got oedd newydd gael ei thynnu. Byddai hyn yn aflonyddu ar y delwau oedd wedi tynnu at ei gilydd i roi lle iddo, a chan ymddiheuro, cyfaddefai yn sŵn y 'damo' ei fod wedi anghofio'i sbectol! Roedd hyn yn arwydd i un ohonom ymestyn at y bocs sgidiau oedd ar silff y ffenest. Yn hwn roedd dewis o sbectolau a fu'n perthyn i drigolion lleol byw a marw, rhyw wyth i ddeg o fathau gwahanol o oes Victoria hyd at ddyddiau'r cŵn diwethaf. Yn aml byddent yn rhy fyr o'r llygaid i'r glust ac ambell bâr 'mâs o blwm' ond nid lle'r anghofus oedd cwyno am y cael. Byddai ambell sbectol wedi cwrdd â'i Waterloo yn y bocs a cholli coes neu wydr ond gan mai un o'r rhain fyddai'n gymwys, yna doedd dim amdani ond darllen yn unllygeidiog! Ar adegau fel hyn byddai llawer o dynnu coes a phawb yn addo gadael ei sbectol i'r bocs sgidiau fel anrheg i'r 'oesoedd a ddêl' pan fyddai'n ymadael â'r byd hwn! Byddai'r hen gath ar y ffender yn codi'i phen, yn agor un llygad i weld y perfformans ac ar ôl penderfynu nad oedd dim o bwys yn digwydd, byddai'n gorwedd yn ei hôl yn gysglyd.

Wedi'r awr nefolaidd byddai rhyw fân siarad yn dechrau. Hynt a helynt ffermio fyddai'r prif bwnc trafod: y tywydd, prisiau'r ŵyn a'r lloi yn y papur, rhestr yr anifeiliaid a'r offer yn yr ocsiynau, a thrafod hwn neu hon oedd wedi cael ei ddal ac yn talu'n hallt am rywbeth neu'i gilydd. Tynnai pawb sylw at pryd y byddai hostler cwmnïau'r pyllau glo a phrynwr wâc laeth Llundain yn dod i'r ardal oherwydd byddai gan y rhain arian parod i brynu ceffylau i'r lofa a'r rownd laeth. Roedd ambell un yn uchel ei gloch ac eraill yn dawedog ym mhob sgwrs neu ddadl, ond anaml iawn y ceid anghydweld ffyrnig.

Cofiaf drafodaeth un nos Fercher pan oedd Jones Llanilar wedi bod yn pregethu yn y gangen leol ar y Sul blaenorol. Roedd e'n cael yr enw o fod yn un o'r pregethwyr modern, rhywbeth a oedd yn anathema i'r hen flaenoriaid. Yn ystod y Cwrdd Plant gyda'r hwyr, aeth un o'r hen flaenoriaid i eistedd ar y wal y tu allan i'r capel i ddisgwyl i'r plant ddod allan. Yn ôl y sôn, holodd hwy'n fanwl am yr hyn a ddysgwyd iddynt gan ysgwyd ei ben yn siomedig. Ar y nos Fercher ganlynol cafwyd trafodaeth am y bregeth a phoethodd pethau gymaint nes y bu'n rhaid cael y Beibl allan i brofi'r pwynt. Y syndod mawr oedd nad oedd hwnnw'n ddigon i dorri'r ddadl hyd yn oed, a llifodd y *Llyfr Emynau*, *Geiriadur Charles* a *Taith y Pererin* i'r bwrdd! Roedd y sawl a ddechreuodd y ddadl wedi ymdawelu ymhell cyn y diwedd ond anfonodd garden gyda'r gwas y bore wedyn gyda'r pennill hwn arni:

Dau Feibl annwyl Iesu oedd yno ar y bwrdd,
Geiriadur Charles o'r Bala, un dawnus iawn mewn
cwrdd.

Emynau Pantycelyn, Ann Griffiths yno'n grwn
A'r hen Bererin Bynian yn crymu dan ei bwn.

Ond nid yn aml y cynhyrfid y dyfroedd ar nos Fercher. Gan eu bod i gyd yn ffermwyr cyfrifol byddent wedi hwylio am adref cyn deg o'r gloch er mwyn codi'n fore i gael y gorau o groen y gwas a'r forwyn.

Cangen o'r fam-eglwys oedd Blaen-pant, y capel lle mynychid yr Ysgol Sul yn y prynhawniau. Ceid pregeth un prynhawn o bob mis. Roedd dau neu dri o flaenoriaid y fam-eglwys yn athrawon dosbarthiadau ac yn wrandawyr ar y bregeth fisol. Fel yn eu bywyd bob dydd roedd llawer ohonynt yn ddifrifol gyda'u crefydd a byddent yn ddigon parod i gystwyo'r ifanc a'r ffôl, a hyd yn oed y gennad ar brydiau.

Rhaid peidio â thaflu lliain sentimental dros bawb a phopeth serch hynny. Fel teulu dyn drwy'r oesoedd, llwyd oedd y rhan fwyaf, gydag ambell un yn wynnach na'i gilydd ac ambell un yn ddu, ddu. Deuai hyn i'r amlwg wrth siopa neu wrth wneud cymwynas. Byddai'n rhaid atgoffa rhai bod ganddynt ddyled go drom a hynny'n chwerwi perthynas dda am gyfnod. Byddai ambell gymwynas yn mynd o chwith neu stori gelwyddog yn cael ei lledu, a'r dieuog yn credu'n ddiysgog mai'r siop oedd tarddiad yr anwiredd.

Codid rhai – y ffermwyr mwyaf blaenllaw ac efallai'r rhai mwyaf cefnog – yn flaenoriaid ac, ar y cyfan, gwasanaethent yr eglwysi'n ddigon cydwybodol. Ar ôl cael eu codi'n flaenoriaid caent eu hadnabod wrth eu henwau llawn, heb unrhyw fath o dalfyriad nac wrth enwau eu ffermydd yn unig. Ychydig, os o gwbl, o ddyddynwyr a deiliaid tai unigol a gafodd y fraint o fod yn arweinwyr yn yr eglwysi na'r gymdeithas am nad oedd ganddynt ddigon o statws i fod ar bwyllgor cwrdd dosbarth na henaduriaeth. Roedd rhagoriaethau dosbarth yn dangos ei ben hyd yn oed yn y gymdeithas wledig glòs hon.

Noson y bara oedd nos Iau. Gyda thoriad y rhyfel go brin y medrid prynu sachaid o flawd gan fod llawer o gynnyrch y *prairies* wedi ei anfon i wely'r môr gan longau tanfor y gelyn. Ond nid blawd yn unig oedd yn brin; roedd y sachau cotwm a ddaliai'r blawd yn brin hefyd. Roedd y sachau hyn o wead clòs a chan fod prinder defnyddiau cotwm, agorid y sachau'n ofalus a'u gwnïo at ei gilydd i wneud cynfasau gwely. Ar ôl gorwedd ar y Spillers Best am rai wythnosau a'u mynych olchi mewn Rinso a sebon coch, deuent mor wyn â'r camrig. Gwelid brat llawer gwraig fferm a morwyn gyda'r geiriau '*We fed the world*' ar eu bronnau, neu '*Home pride*' a '*Lever's Frisks*' ar draws mannau eraill!

Roedd llawer o felinau blawd mawr Lerpwl a Newcastle wedi cau dros y cyfnod hwn a'r melinau dŵr lleol wedi mynd yn furddunnod ers tro. Gorfodid ffermwyr i dyfu cnydau o ŷd a gwerthu'r gwenith i'r llywodraeth i'w gymysgu gyda 'wyddom ni ddim beth' i wneud bara digon llwydaidd ei liw a'i flas. Daeth y *CWACS* i fod, sef y *Cardiganshire War Agricultural Committee*, rhywbeth a fu'n destun gwawd a hwyl fin nos lawer gwaith a'r talfyriad yn un digon anffodus. Roedd ganddynt gryn dipyn o hawliau hefyd, a hyd yn oed y gallu i droi ffermwyr allan o'u ffermydd am ffermio'n wael, er nad oeddent hwythau wedi gwneud fawr o lewyrch o ffermio eu hunain. Felly 'cwacs' oedd y rhain i'r mwyafrif o bobl. Roedd enwau pwysig adran amaethyddiaeth y brifysgol ar y pwyllgorau – rhai a fethai ffermio eu hunain yn ôl y farn ar lafar gwlad. Onid oedd fferm y brifysgol mewn dyled flynyddol a llawer aelod arall wedi bod yn fethiant yn y byd amaethyddol? Siarad ffermio ac nid gweithredu wnâi'r rhain ac am hynny, ychydig iawn o barch a gaent gan ffermwyr.

Nid blawd yn unig oedd yn brin; roedd prinder burum go iawn i wneud bara hefyd a chan fod prinder morynion profiadol i bobi bara, trodd sawl ffermwraig at bobydd lleol gan fod y cynnyrch yn debyg iawn i fara cartref. Byddai'r bara'n cyrraedd y siop yn gynnar ar fore Iau ond yn wahanol i fanna'r Israeliaid, fe'i cesglid gyda'r nos ac nid ben bore. Doedd cario stoc wythnos o fara ddim yn hwylus mewn bag na basged ac felly byddai'r Israeliaid modern yn cyrraedd y siop gyda'r hwyr a chas gobennydd ganddynt i'w gario. Mwy na thebyg mai cas gobennydd o ddefnydd *Spillers* oedd hwnnw hefyd. Ar ôl llenwi'r casys fe'u gosodid yn yr eil, yn ddiogel rhag safnau'r cŵn, gan gofio ar yr un pryd pa un oedd i bwy, gan fod nifer y torthau yn y sach yn amrywio yn ôl maint y teulu.

Gyda'r gorchwyl trosodd byddai'n bryd gwrando a thrafod y stori ddiweddaraf o'r 'ganolfan wybodaeth' ond nid gweithredu un ffordd wnâi'r 'ganolfan wybodaeth' wrth gwrs – roedd yn rhaid rhannu gwybodaeth yn ogystal â'i derbyn. Erbyn diwedd yr wythnos byddai'r stori ddiweddaraf o'r 'ganolfan' wedi cael ei hau i'r pedwar gwynt yn oedfaon y Sul ac ambell un wedi egino a thyfu i faint cynhaeaf!

Fyddai neb yn talu am ei neges ar y noson gan fod talu'n ddefod gysegredig. Byddai'n rhaid cael noson gymdeithasol i wneud hynny dros gwpanaid o de. Telid bob rhyw ddau neu dri mis a hynny ar nos Fawrth, gan fod y noson honno'n weddol brin o gwsmeriaid. Rhoddai cwsmer rybudd ymlaen llaw ei fod am dalu er mwyn cael cyfle i feddwl dros y bil. Y siopwraig oedd â'r gair olaf bob tro, a dweud y gwir hi oedd â'r gair cyntaf a'r olaf gan fod pawb yn derbyn y bil fel y'i cyflwynid. Ar ôl y te a'r bara menyn a'r gacen hadau carwe, eid ati i wneud y bil. Rhaid fyddai dod â'r calendr *Bibby's Animal Food* i'r bwrdd a chyfri'r wythnosau ers y taliad diwethaf, cyn gwneud y *long multiplication*. Doedd gwneud y sỳm ddim yn anodd gan fod cynnwys y gobennydd bara yr un faint bob tro ond ar brydiau codai problem pan fyddai pris y bara neu'r *Welsh Gazette* wedi codi ers y taliad diwethaf. Yn aml iawn byddai'r siopwr wedi anghofio cofnodi hyn ar y calendr ac felly, i oresgyn y broblem, byddai'n rhaid ceisio cofio rhyw ddigwyddiad pwysig er mwyn dwyn pethau i gof. Codid y pen i edrych tua'r nenfwd gan syllu'n freuddwydiol cyn dweud, 'Rwy braidd yn siŵr mai'r wythnos y bu Tomos Jâms (neu enw tebyg) farw oedd hi,' a byddai taflen angladd hwnnw yn y bocs ar y mamplis i brofi'r dyddiad. Neu efallai mai'r 'diwrnod y cafodd y fuwch froc darw oedd hi' – roedd hwnnw ar y *gestation period* yng nghefn calendr *Bibby's*! Neu, yn enwedig yn yr haf, 'pan ddaeth llaeth Pen-bryn yn ôl o'r ffatri wedi suro a label coch arno' – digwyddiad fyddai'n destun llawer o siarad a gwarth ac un y byddai pawb yn ei gofio. Digwyddiadau felly fyddai'n dwyn i gof y 'byjet' ar gyfer y torthau a'r papur newydd ac anaml, os byth, y byddai neb yn amau. Telid y ddyled â siec heb unrhyw gwestiynu cywirdeb rhif na maint.

Ar ôl i bob stori gael ei thrafod byddai'n bryd i'r cludwyr chwilio am y gobenyddion a hwylio tuag adref. Meddyliwch heddiw beth fyddai ymateb yr estroniaid o wlad Gosen, y rhai nad adnabu Joseff sydd bellach yn trigo yn yr ardal, pe gwelsent y 'pererinion' yn teithio am adref, dros faes a bryn ar noson olau leuad, a baich y Spillers gwyn ar eu cefnau. Tybed a fyddai'r ysbrydion hyn yn ddigon i'w gyrru'n ôl i'w Haifft at eu Pharo?!

*   *   *

Nosweithiau'r bechgyn ifanc, y gweision a'r meibion ffermydd, oedd nos Wener a nos Sadwrn. Noson llond tŷ, o'r drws i'r pentan, yn llawn asbri a chwerthin a gwae'r poteli cisis pe byddent yn cynnwys rhyw fath newydd o felysion. Roedd pawb, bron, yn smocio ond yng nghyfnod y rhyfel byddai'r Woodbines yn brin. Byddai Player's Weights neu Turf yn gwneud y tro ond ychydig fyddai'n barod i brynu Pasha, y *Turkish cigarette* diflas eu blas a drewllyd eu harogl. Roedd y rhan fwyaf o'r sigaréts yn dod yn rhydd, nid mewn paced, yn y cyfnod hwn ac felly gellid prynu faint bynnag y medrai'r boced ei fforddio. Roedd gan bawb ei dun sigaréts i'w cadw'n ddiogel heb eu stwmpo – ran amlaf tun *Oxo* fyddai'n gwneud y tro, neu dun Elastoplast a gâi ei werthu gan gwmni Burdalls. Roedd y cwmni hwn yn cynhyrchu pob math o angenrheidiau at ddoluriau – ïodin at fân friwiau neu i'w arllwys i geudod y dant tost a thabledi asbirin at y pen. Ni welid yr un casyn sigaréts swyddogol gyda band lastig i gadw'r sigaréts yn eu lle. Offer byddigions megis y trafaelwyr hadau, trafaelwyr Morris Evans' Oil ac ambell bregethwr oedd y rhain, pobl o ddosbarth uwch na gweision ffermydd.

Wrth gwrs, roedd yn rhaid cael leiter i danio'r smoc a byddai'r rheiny gan amlaf wedi cael eu gwneud o gasyn bwled, peth cyffredin ddigon yng nghyfnod y rhyfel. Byddent yn cael eu gwneud gan brentis yn ffenest yr efail wrth aros i gaseg gael ei phedoli, neu ar awr segur yn y garej leol, gyda hanner pwys o sodor wedi diferu o'r ochrau yn profi diffyg crefft y gwneuthurwr. Pethau peryglus oedd y rhain i fwstás ac aeliau neu 'QP' am fod ganddynt fflamau tân uffern yn eu boliau. Byddai tanio stwmpyn o sigarét yn gofyn am ddewrder neu ffolineb ffrynt-lein ar ran y smociwr. Roeddent yn drewi hefyd ac yn gorlifo o betrol ar ôl hongian wrth ddarn o gordyn yn nhanc petrol yr injan oil – dyna'r ffordd arferol o'u llenwi. Tybed sawl un a adawyd ar ôl yn y tanc wrth iddynt fynd yn groesfewnol i'r twll llenwi wrth eu tynnu allan ac i'r llanc cyhyrog ordynnu ar y cordyn siwgwr?

Ar adegau byddai Mam yn cwyno fod llond y tŷ bron bob nos a dim preifatrwydd i'w gael. Ateb fy nhad oedd y dylid bod yn ddiolchgar mai i'r siop oedd y bobl ifanc yn dod yn hytrach na mynd i dŷ tafarn. Mae pethau dipyn yn wahanol erbyn hyn.

Chwarae cardiau fyddai'r hwyl a hynny ar y bwrdd mawr ar ganol y llawr. Gwae'r un na fyddai'n chwarae'n gywir fodd bynnag. Byddai ambell un, wrth chwarae, yn glustiau i gyd yn ceisio gwrando ar sgwrs y rhai nad oedd yn chwarae, ond buan y byddai hwnnw'n cael ei ddiarddel a cholli ei le. Dro arall 'rings' fyddai'n codi'r hwyl, neu 'tipit', yn ôl blas y mis a hynny ymhell cyn i S4C freuddwydio am ei chwarae! Gallai'r chwarae hwn greu tipyn o anghydfod, yn enwedig os mai'r hen bishyn tair corachaidd gwyn a ddefnyddid. Defnyddid hwn am fod gofyn i'r darn fod yn fach; byddai perygl i ddarn mwy ddangos yn y chwydd ar gefn y dwrn. Byddai ambell hen walch wedi gofalu fod ganddo un arall yn ei boced er mwyn i'r tîm ddefnyddio dau ddarn ond os nad oedd y tîm yn gwbl gytûn ac ambell un heb fod yn ddigon effro, deuai'r ddau ddarn i'r golwg wrth agor y dyrnau gan arddangos y twyll. I arbed unrhyw anghydfod defnyddid y darn hanner owns o bwysau tafol y siop – go brin y medrid cael un tebyg i hwn i dwyllo. Doedd 'darts' byth yn cael lle oherwydd bod y chwarae hwn yn rhy debyg i chwarae tŷ tafarn. Byddai'n rhaid i'r collwyr dalu dros yr enillwyr bob tro – gwydraid o 'bop' fyddai'r tâl gan amlaf neu ar ambell nos Sadwrn hanner neu ddarn o Swiss rôl. Roedd y rhain, ar un cyfnod, yn boblogaidd iawn ymhlith y mân lanciau; peth amheuthun iawn ar ôl treulio wythnos yn bwyta bara sych, neu fara cartref sychach, gydag ambell ddarn o gaws neu gig gwyn hen hwch ddeg torraid wedi sychu'n gorn. Byddai'r mân-werthwr yn dod â'r Swiss rôls ar fore Sadwrn wrth ddod â'r nwyddau angenrheidiol i'r siop. Gwelid pentwr o'r rhain ar fwrdd y siop i'w gwerthu, yn wythnosau oed fel arfer, ar ôl cael eu gwrthod gan gwsmeriaid soffistigedig y dref. Byddai rhai jam neu rai siocled, yn llawn o ryw hufen tebyg i gris certi o ran lliw a blas. Yn aml, byddai'r deisen yn anfon pethau dros ben llestri wrth i un llanc herio'r llall i fwyta un gyfan, o fewn amser cyfyngedig. Gwthio'i hanner i'r geg ar un waith fyddai ymgais ambell un ond yn ofer, gan na fedrai wedyn gau ei geg i'w chnoi. Yna wedi sylweddoli'r methiant byddai'n ei thynnu allan yn ddrifls i gyd gan geisio'i thorri'n ddarnau llai. Erbyn hyn byddai wedi cael ei droi allan a'i rybuddio i beidio dod 'nôl nes byddai'r drifls o jam a hufen wedi cael eu glanhau. Pe byddai llwyddiant, efallai y ceid her arall i ddilyn, sef yfed potelaid o Corona ar ei ben, heb ei thynnu allan o'r geg na chymryd gwynt. Roedd rhai yn llwyddo ond byddai'r rhan fwyaf yn rhuthro allan yn llawn gwynt y pop. Yn aml, gosodid y prawf hwn ar ryw was newydd fyddai wedi dod i'r ardal neu ryw fab fferm oedd wedi cael trowsus hir ac yn meddwl ei hun yn ddyn, ac am gymysgu ymhlith y llanciau profiadol. Onid yw'n rhyfedd sut y bydd llanciau ifanc yn barod i dderbyn pob her, er mor ffôl y medr hi fod?!

* * *

Yn ystod yr haf – ac mae'n rhaid cofio fod y cloc yn cael ei droi ymlaen ddwy awr, *double summer time* – prin y byddai'r bechgyn yn dod i'r tŷ, dim ond i nôl yr angenrheidiau arferol. Treulient eu hamser y tu allan a chan fod y siop ar sgwâr o bedair heol, heb nemor gar yn mynd heibio, roedd digon o le i sgwrsio a chwarae triciau.

Y dynfa fawr bryd hynny oedd y stand laeth. Roedd honno ryw ganllath o'r siop ac mewn cornel lle'r oedd y ffordd yn lledu. Gan fod nifer o'r ffermydd lleol yn dod â'u llaeth yno bob bore i gael ei gario mewn lorri i ffatri laeth Pontllanio, roedd nifer fawr o tsiyrns llaeth ar y stand, yn enwedig yn yr haf. Treulid yr amser yn 'darllen' caeadau'r tsiyrns gan nodi ambell ddigwyddiad neu stori. Yn yr ardaloedd hyn lle cesglid y llaeth i ffatri Pontllanio yn y 1940au fe feithrinwyd math o ddiwylliant gwledig sydd erbyn hyn bron â mynd yn angof llwyr, hyd yn oed gan y rhai oedd yn fyw bryd hynny; diwylliant na chofnodwyd mohono gan neb ac mae hyn yn golled. Ar nosweithiau o haf, peth cyffredin oedd gweld nifer o weision ffermydd yn hel at ei gilydd ar y standiau llaeth, i ddarllen yr hyn a ysgrifennwyd ar y caeadau ac i ychwanegu atynt. Y clecs lleol fyddai'n cael y lle amlwg a'r rhain wedi eu hysgrifennu â hoelen neu stapal fel bod yr wybodaeth yn arhosol. Rhaid fyddai nodi fod bwyd ambell fferm yn well neu'n waeth na'i gilydd – gwybodaeth bwysig iawn i was fferm oedd yn 'byw i mewn'; roedd meistr hwn-a-hwn yn anodd cydweithio ag ef; ceid si am ambell wraig oedd yn hyf gyda'i ffafrau i ambell was, yn enwedig os oedd ei gŵr dipyn yn hŷn na hi; byddai rhyw ffermwr yn gyfeillgar iawn gyda'r forwyn; ceid hyd yn oed gadarnhad o'r sibrwd ynglŷn â thad ambell blentyn! Dyma swyddfa waith y cyfnod, gyda digon o wybodaeth i'r gweision a'r morynion erbyn cyflogi'r hydref nesaf, a *News of the World* yr ardaloedd gwledig, gyda'r cyfan yn ymddangos ar gaeadau'r tsiyrns llaeth. Byddai'r holl wybodaeth yn wybyddus i lawer cyn bod y *Welsh Gazette* yn cael gafael ar y stori, a chyn i ambell achos fynd i'r cwrt.

Trueni na fuasai'r hyn a ysgrifennwyd bryd hynny wedi cael ei gofnodi – y tameidiau nad oedd yn enllibus, hynny yw! Roedd un gwas fferm yn yr ardal hon yn dipyn o fardd; roedd nifer o'r rhain i'w cael wrth gwrs a phe byddent wedi cael cyfleoedd addysg yr oes hon, byddent wedi gadael eu hôl ar gymdeithas. Roedd y gwas arbennig hwn yn cwyno tipyn ar ei fyd ar ôl cyflogi mewn lle arall:

Myned lawr i'r Atsol Wen,
Mynd i uffern ar fy mhen,
Bara *stove* a *margarine*,
Dyna ddiawl o fwyd i ddyn!

Gweld eisiau bara ffwrn wal yr oedd e debyg iawn.

Roedd pobl barchus y fro yn dod dan y lach yn aml,

y rhai hynny a fyddai, mewn eglwys a chapel, yn cwyno am ymddygiad llawer llanc ac yn llawn rhagrith eu hunain:

Mae blaenor mawr yn Seion,
Sy'n sanctaidd iawn ddydd Sul,
O flaen ei well ryw ddiwrnod
Am wadu'r llwybr cul.

Pa bechod wnaeth y cythraul,
I wneud y fainc yn flin?
Cymysgu er mwyn gwerthu
Menyn 'da'r *margarine*.

Y bardd gwlad ar ei orau yn dadrithio!

Roedd amser etholiadau'n creu cryn dipyn o gynnwrf yn ein hardaloedd gwledig yn y cyfnod hwn, yn enwedig yr etholiadau lleol. Ran amlaf roedd pawb yn adnabod yr ymgeiswyr ac yn gwybod hefyd am eu pechodau a'u ffaeleddau a cheid cyfle i ddilorni rhai oedd yn meddwl eu bod yn well nag eraill. Yn fuan ar ôl y rhyfel roedd asiant y tirfeddiannwr lleol wedi rhoi ei enw gerbron fel ymgeisydd. Yn ystod y cyfnod canfasio roedd wedi syrthio a thorri ei goes a dyma beth oedd gan fardd cocos y stand laeth i'w ddweud amdano:

Thomos yr Agent yn glamp o ddyn
Dorrodd ei goes yn ymyl ei din,
'Se'n torri'r llall byddai heb ddim un.

Roedd cocosrwydd y farddoniaeth hefyd yn taflu sen ar
bwysigrwydd y dyn.

Un tro, y ffermwr ei hun oedd yn bwrw ei gŵyn ar y
Bwrdd Llaeth am iddo gael tsiyrn oedd yn gollwng.
Roedd colli llaeth yn golled fawr i ffermwr tlawd a bu'n
athronyddu mewn ffurf gofiadwy. Y tro yma roedd y
bardd wedi prydyddu ar label cyn ei chlymu wrth
ddolen y tsiyrn er mwyn rhoi gwybodaeth swyddogol
i'r Bwrdd:

Gan bob creadur is y nen
Mae dau dwll, un ym mhob pen.
Dyn a menyw yr un fath,
Ond gwell gweld un yn y *churn* la'th.

Un tro cafwyd pryddest yn ymddangos fesul pennill –
rhyw '*serial* farddol' fel petai! Mawr fyddai'r chwilio am
y pennill nesaf a thipyn o jig-so oedd rhoi'r penillion yn
eu trefn gan fod y tsiyrns yn cael eu symud o stand i
stand. Testun y bryddest oedd dau botsiwr wedi mynd
i hela ac wedi tresbasu ar dir y Lord. Roedd Walter yn
bregethwr cynorthwyol ac fe fu hyn yn dipyn o sarhad
iddo pan ymddangosodd yn y cwrt. Trueni mai dim

ond un pennill sy'n aros yn y cof a hwnnw'n darogan y weithred ddrwg:

Ac meddai Dai wrth Walter,
Paid myned dros y ffin
Mae ciper bach yr Arglwydd
Bob amser ar ddihun.

Do, fe ymddangosodd campweithiau llawer i rigymwr ar gaeadau'r tsiyrns llaeth. Treuliwyd llawer awr ar noson o haf yn darllen a rhigymu, ambell bennill yn ddigon clogyrnaidd ac eraill yn dangos talent. Ceid pwt o newyddion cwbl anghywir weithiau, wedi ei sgriblo i dalu'r pwyth yn ôl am ryw weithred sâl a gyflawnwyd cyn hynny, a'r cyfan wedi ei nodi'n gam neu'n gymwys ym mrut y tsiyrn laeth. Trueni'n wir na chofnodwyd y rhain, er gwaethaf eu henllibrwydd!

*   *   *

Ar ambell noswaith byddai Sal Abernant yn siŵr o ddod heibio ar ei ffordd i'r siop gegin i dalu am y bara a gafodd bythefnos ynghynt gan y fan fara. Byddai'n gwisgo'r un got a het ag a fyddai wedi bod ganddi pe bai wedi bod yn Arch Noa. Arferai'r fan fara adael dwy dorth iddi hi'n wythnosol, a nifer o dorthau i fferm arall gyfagos er mwyn arbed y daith cas gobennydd iddynt bob nos Iau. Byddai trigolion y fferm honno'n rhoi'r arian i Sal a hithau wedyn yn dod â'r tâl i'r siop fel math o *direct debit* ar eu rhan gyda'i thaliad ei hun bob pythefnos. Hen ferch oedd Sal, yn byw gyda'i chwaer mewn tyddyn bach buwch a llo, ryw filltir o'r siop gegin. Pe byddai'r tyddyn yn fwy byddai'n dyddyn dwy fuwch a llo, a phe bai'n fwy eto byddai'n dyddyn dwy fuwch a llo ac eidion. Fel'na y mesurid maint y tyddynnod. (Byddai ieir a mochyn hefyd yn ddi-ffael ond ni fyddent hwy yn rhan o'r disgrifiad.) Roedd gradd arall i ffermydd wrth gwrs, sef fferm un ceffyl ac yna fferm pâr o geffylau, a'r ffermydd mwyaf yn ffermydd llond stabl o geffylau. Ond doedd mesur fferm yn ôl y ceffylau ddim bob amser yn hollol gywir gan fod y dirwedd yn effeithio ar nifer y ceffylau. Os oedd tir y fferm yn llechweddog, byddai angen mwy o geffylau a gelwid lle felly'n lle 'trafaelus' gan y byddai angen dau geffyl i fynd â llwyth i bobman.

Yn ystod y rhyfel roedd y tyddynnod hyn yn boblogaidd iawn gan lawer, yn enwedig gan rai o bobl y dref oherwydd byddai'r rhan fwyaf o'r tyddynwyr yn gwneud menyn. Pan fyddai hwnnw, ar adegau, yn fwy nag angen y teulu gellid prynu ambell bwys, peth amheuthun yng nghyfnod y dogni. Roedd yn help mawr i ymestyn y *rations* ond ni fyddai neb yn datgan hyn yn groch chwaith. Roedd y ffermydd i gyd yn gwerthu llaeth ac o'r herwydd ni fyddent yn gwneud menyn oni bai bod gwraig y fferm yn codi ychydig o'r hufen ar y slei a'i gorddi mewn buddai fach.

Fel y dywedais, tyddyn buwch a llo oedd tyddyn Sal a'r llo yn cael ei werthu'n flynyddol i dalu'r rhent, neu i gadw ceiniog neu ddwy o dan y fatras. Rhaid fyddai cadw arian erbyn priodas yn y teulu, neu'r mwrnin erbyn claddu. Pechod a gwarth oedd prinder arian claddu a byddai claddu ar y plwyf yn sarhad o'r mwyaf.

Perthynai i Sal nodweddion gwahanol i bawb arall o'r un oed â hi. Roedd hi'n hoff o dynnu coes ac o gael ei choes wedi ei thynnu, yn enwedig gan y bechgyn ifanc. Dyna pam y byddai bob amser yn siarad ac yn dal pen rheswm â chriw'r stand laeth. Medrai ddal ei thir yn llafar gyda'r mwyaf tafodrydd. Roedd traed Sal yn ddolurus iawn a byddai'n cerdded fel pe bai'n troedio ar wyau cywennod a'r rheiny'n boeth eirias. Yn ystod yr hwyl gyda'r llanciau eisteddai ar stepiau'r stand laeth i dynnu ei hesgidiau i roi awyr iach i'r traed blinedig!

Yn ystod y cynhaeaf gwair byddai criw'r stand yn ei holi'n fanwl ynglŷn â thorri'r gwair i'r fuwch a'r llo. Rhyw gymydog fyddai'n gwneud hynny iddi, ar ôl i Sal wrando'n ofalus ar ddyn y tywydd. Rhaid bod hwnnw'n rhyw Michael Fish o ddyn tywydd oherwydd byddai'n siŵr o fwrw glaw am ddyddiau ar ôl torri gwair Sal. O ganlyniad bedyddiwyd cae Sal yn Cae Pispot a hynny'n ddihareb trwy'r fro, gan wneud y cymdogion yn amheus iawn o dorri gwair os oedd Cae Pispot Sal ar lawr! Lawer blwyddyn aeth y gwair yn ddiwerth ond gwelwyd llawer gambo'n gwegian yn llwythog wrth ymlwybro at dŷ gwair Sal. Pa bris a roddir ar werth cymdogaeth dda? Ar ôl yr hwyl ar stepen y stand laeth byddai Sal yn tuchan ei ffordd yn ôl i'w hesgidiau – gwaith amhosib bron a'r traed wedi chwyddo – ond ynghanol yr hwyl byddai rhywun trugarog yn rhedeg i'r siop gegin i ddweud am gyflwr truenus traed Sal a chael, yn ôl yr arfer, bâr o esgidiau'r bechgyn hŷn neu'r tad i fynd iddi. Ymhen hir a hwyr byddai Sal yn llusgo'i hun i'r siop fel llong llawn hwyliau, gan fod yn ofalus iawn o'r mân greigiau ar y ffordd rhag iddi suddo'r llong yn yr esgidiau mawrion ac arian y torthau wedi eu clymu'n dynn yng nghhornel ei macyn poced. Ar ôl hesbu bron pob pâr o esgidiau, rhaid fyddai i 'wŷr heb arfau' fynd lawr i Abernant i ddwyn yr esgidiau adref.

* * *

Dim ond mewn un tŷ yn yr ardal y ceid ffôn. Roedd y fath declyn a thechnegau ei ddefnyddio yn gwbl anghyfarwydd i bawb. Mae'n debyg i arolygwr yr Ysgol Sul fynd unwaith i dŷ perchennog yr unig ffôn hwnnw er mwyn cysylltu gyda gwesty ym Mermo i wneud trefniadau ar gyfer bwydo'r plant ar gyfer rhyw drip. Fe'i gwrthodwyd gyda'r sylw 'Chlywan nhw chi byth,' sy'n profi'r diffyg profiad o'r dechneg!

Erbyn diwedd y rhyfel, gyda'r newidiadau a ddaeth yn ei sgil, roedd y ffôn yn dod yn fwy cyfarwydd ac angenrheidiol ond yn ein cymdogaeth ni roedd y ciosg agosaf gryn ddwy filltir i ffwrdd. Felly fe godwyd deiseb yn y siop gegin i'w hanfon i'r awdurdodau i geisio cael ciosg ar dir y siop. Amharod iawn fu'r ymateb ond, o'r diwedd, ar ôl dal ati, fe hanner bodlonwyd, os ceid caniatâd cynllunio a'r pethau priodol eraill. Ymhen rhai misoedd cyrhaeddodd dyn pwysig y ffôn ryw fore, a ninnau ar ganol godro, ac esboniwyd iddo y byddai'n rhaid gorffen y gorchwyl a chael y llaeth i'r stand cyn y medrem ddechrau trafod. Ymhen y rhawg cafodd y dyn ei gyfle i esbonio ei fod wedi dod i drafod y ciosg a gweld y safle penodedig. Wedi edrych yn ofalus, mesur a mwmian tipyn wrtho'i hun, fe ddywedodd nad oedd y safle a ddewiswyd yn gwneud y tro gan ei fod yn rhy bell o'r postyn agosaf. Yr unig le cyfleus, meddai, oedd yn yr ardd, ynghanol y gwely riwbob gan fod y safle hwnnw o fewn llathenni i'r postyn agosaf. Wedyn fe ddaeth i'r tŷ a chliriwyd y bwrdd brecwast iddo gael lle i osod ei gynlluniau. Eglurodd y byddai'n rhaid tynnu darn o glawdd yr ardd i gael mynedfa; byddai hynny'n gostus ac yn debyg o gymryd amser, ychwanegodd. Wedi cael rhyw syniad o'r gost o'u tu nhw a'r amser a gymerai, doedd pethau ddim yn edrych yn ffafriol y câi'r ciosg nythu yn y gwely riwbob am beth amser. Wedi dal pen rheswm gyda'r pwysigyn a chael deall mai dim ond darn rhyw dair llath o'r clawdd roedd angen ei symud, ac mai llathen sgwâr o goncrid fyddai sylfaen y ciosg, codwyd tipyn ar ein calonnau. Byddai digon o le ar ôl i'r riwbob ac oni fyddai pedwar gwas fferm a dwy gart a cheffyl yn symud yr Everest o glawdd mewn bore? Na, meddai'r dyn, doedd neb i wneud y gwaith ond nhw. Aeth â'i ben iddo ryw fymryn ar ôl clywed am wrhydri'r pedwar gwas fferm a'r dwy gart fyddai'n medru gwneud y gwaith mewn cyn lleied o amser.

Ar ôl trafod ymhellach a llawer o lythyru dros yr wythnosau canlynol, penderfynwyd y byddai'n bosibl gwneud y gwaith pe medrem ddod i gytundeb am rent y clawdd a'r sylfaen, ac wrth gwrs yr hanner gwely riwbob. Roedd hyn yn fater i gyfreithiwr meddai'r swyddog, rhywbeth fyddai'n costio cannoedd o bunnoedd, canys nid ar chwarae bach y mae cyflogi cyfreithiwr. Penderfynwyd, heb yr un cyfreithiwr, ar rent o swllt y flwyddyn ac ysgwyd llaw – gan boeri arni yn ôl y drefn wrth werthu anifail! Ond doedd hyn ddim yn ddigon i'r swyddog a bu'n rhaid cael cynllun manwl a chytundeb ysgrifenedig cyfreithiol wedi ei gadarnhau drwy dalu stamp ceiniog! Gallent fod wedi cael y cyfan am ddim ac arbed syllltau o bapur a chwys y cyfreithwyr pe baent wedi bod yn ddigon cymdogol i ofyn.

Ymhen wythnosau, ar ôl anghofio am y swllt a chael sawl gwledd o riwbob, cyrhaeddodd criw o ddynion mewn lorri fawr werdd, tebyg i hanner bws, yn gynnar rhyw fore. Ychydig funudau wedyn daeth lorri arall debyg i un Dan y Glo, gyda dim ond gyrrwr yn honno. Wedi sefyllian a thrafod o gwmpas y clawdd am ryw ddeg munud, aethpwyd ati i ddadlwytho geriach o'r lorri gyntaf – ceibiau a rhofiau o bob math. Roedd hi'n amlwg eu bod am symud y clawdd a gosod sylfaen i'r ciosg.

Gosodwyd yr offer yn daclus ddigon wrth fôn y clawdd ac yna daeth y 'soser' nwy, y gasgen Calor Gas a'r tegell i'r amlwg. Ar ôl gosod y teclynnau nwy yn eu lle a thanio'r soser, roedd hi'n amlwg fod argoel am bicnic. Eisteddodd pawb yn daclus ar stolion bach plygadwy o gwmpas y tegell fel gwrachod o gwmpas eu crochan a thaniwyd pob pibell a ffag.

Erbyn hyn roedd hi'n bicadili, gyda'r certi'n dod â'r tsiyrns llaeth i'r stand a lorïau gwŷr y ciosg yn y ffordd. Roedd ambell i geffyl ifanc yn syllu braidd yn amharchus ar y lorïau anghyfarwydd gyda'r ifanc a'r hen yn lled-gilio oddi wrth y tegell a'r fflamau a'r ymwelwyr disgwylgar. Tua naw o'r gloch fe gyrhaeddodd y lorri laeth i'r stand (oedd gyferbyn â'r yfwyr te) a bu'n rhaid drachtio'n gyflym i symud y lorïau a'r holl garlibwns o'r ffordd, cans nid dyn i chwarae ag e oedd Rhys John y lorri laeth. Onid oedd yn rhaid i bob cerbyd a chert fynd tuag yn ôl o'i ffordd ar y lonydd cul er mwyn iddo gael mynd heibio? Roedd y tolciau ar du blaen ei lorri yn brawf fod ambell un wedi cael ei symud yn ôl yn ddigon diseremoni!

Gan fod cynifer o labrwyr y cwmni ffôn ar hyd y lle, roedd hyn yn peri problem gan nad oedd lle i bawb â'i raw yn y tair llath o glawdd. Penderfynodd ambell un mai sefyll o'r naill du oedd orau a rhyw led-orwedd ar goes y rhaw, gan newid gydag un arall bob hyn a hyn er mwyn i hwnnw gael lledorwedd am ychydig, felly rhyw fynd a dod fel haul a chawod Ebrill oedd hi! Roedd yn rhaid llwytho'r pridd i'r lorri a'i gario i ffwrdd i ryw wlad bellennig. Rhoddai taith y lorri gyfle i'r criw gael hoe a smôc arall – a chyfle i sychu'r chwys pe medrid dod o hyd iddo! Roedd hon yn ddwbl hoe i rai wrth gwrs. Oni fyddai hi wedi bod yn well ac yn rhatach i swyddog bonheddig y ffôn fod wedi derbyn cynnig y pedwar gwas a'r certi a gwneud y cyfan mewn un bore, gan gario'r pridd i gae cyfagos lle'r oedd ei angen ar ambell ddarn lle'r oedd y graig yn agos i'r wyneb? Ond hael yw pob swyddog ar bwrs y wlad ynte.

Erbyn diwedd yr ail ddiwrnod roedd y rhofio wedi ei gwblhau, corff y clawdd mewn gwlad bell a llathen sgwâr o ddyfnder cam ceiliog yn y gwely riwbob yn aros am y sylfaen goncrit. Ymhen rhai dyddiau daeth criw arall i osod y concrit ond oherwydd y diffyg colli chwys, y te a'r smôc, roedd e bron wedi sychu cyn ei orffen! Yn sydyn, ymhen rhai dyddiau wedyn – ac roedd hynny'n wyrth – fe gyrhaeddodd y tŷ coch gyda chriw arall y tro yma i'w osod a'i sodro yn ei le, a chriw arall eto fyth i osod ei berfeddion a'i gysylltu i'r polyn agosaf. Y noson honno safai'r criw arferol yr ochr draw i'r 'tardis' gan ryw araf symud yn nes ato bob hyn a hyn. Rhwng y chwilfrydedd a'r ofn, ceisiai'r naill wthio'r llall yn nes at yr anghenfil coch ac ambell un mwy ofnus yn sefyll o hirbell fel dafad yn gwylio ci. Pwy ddaeth yn sydyn ac yn sŵn i gyd, fel yr arferai ddod ar gefn ei feic, ond Jac Powell, gan sgrechian yn un sgid o lwch a cherrig mân. Cymerodd un cip ar y cochyn cyn camu tuag ato fel pe bai'n barod i ymosod arno fel Don Quixote ei hun. Roedd Jac wedi bod yn fwy hyf na'r rhan fwyaf o weision erioed ac wedi bod ar dripiau gyda 'bois y bont' i leoedd mor grand â Llandrindod a Henffordd i weld y byd ar ei orau. Safodd yn stond gyda'i law ar ddolen y drws i ennill plwc arall o hyder, cyn cael ei hysian yn ei flaen gan y criw ofnus. Broliai Jac ei fod yn hen gyfarwydd â defnyddio'r ffôn a'i fod yn feistr ar y botymau y tu mewn ac onid oedd wedi gweld digon o bobl yn defnyddio'r teclyn pan oedd ar ei dripiau? Chwarae plant oedd peth felly! Gydag un cam hyderus roedd i mewn yn y ciosg. Daliodd y drws yn agored gyda'i droed, rhag ofn y byddai'n rhaid dianc ac er mwyn i bawb weld sut roedd y peth yn gweithio. Roedd e'n mynd i ddangos sut i ffonio Wil Siop, Llanilar. Gwasgodd y botwm A a'r botwm B fel pe baent yn boeth eirias a chodi'r corn buwch i siarad.

135

Gwaeddodd, yn boer i gyd, i mewn i'r corn: '*Hello...
speaking...*' ac aros am funud i glywed yr ateb. Yna
trodd at y criw cegagored a dweud 'Dyw e ddim adre!'
Fel Thomas Bartley gynt, rhaid oedd cyfaddef fod
ganddo 'ryw grap ar y llythrenne'.

* * *

Daeth y ciosg ag elfen newydd i'r gymdeithas wledig.
Roedd ffermwr mwy blaenllaw na'r rhelyw wedi mynd
ati un prynhawn i gysylltu gyda'r Farmers' Co-op am
sachaid o *calf meal*. Cafwyd cryn anhawster o'r ddwy
ochr. Bryd hynny roedd yn rhaid mynd trwy'r
gyfnewidfa yn gyntaf er mwyn cysylltu â'r rhif
angenrheidiol. Gan iddo feddwl mai gyda'r Co-op yr
oedd yn siarad, cafodd y ffermwr broblem gyda'i
esboniad a chollodd y ddwy ochr eu tymer, a hynny yn
Saesneg – neu ryw fersiwn ar yr iaith honno! Yr ail
broblem oedd y slipen o Saesnes, neu rywun oedd yn
ceisio ymddwyn fel un, a gymerai'r archeb yn y Co-op –
un anodd ei deall a'i rhoi ar ddeall. Ymhen rhai dyddiau
cyrhaeddodd y neges, sef potel fawr o *cough mixture*!
Onid oedd siop y ffermwyr yn gwerthu pob peth?!

Gan ein bod ni, ar ôl rhai dyddiau, wedi dod i ddeall
dirgelion y corn-siarad-o-bell yn o dda, ni fyddai'n
traddodi'r negeseuon ar ran y gymuned. Byddai aml i
alwad yn cael ei gwneud yn ystod y dydd ac arian mân

ar gyfer y botwm A yn mynd yn eithaf prin yn aml. Byddai'n rhaid chwilio pob poced a chael ein twyllo gan washers a'u tebyg yn aml. Rhaid fyddai crefu ar bawb a ddeuai i'r siop yn achlysurol i dalu mewn arian mân a gorau i gyd mewn ceiniogau. Clywid iaith (na ddefnyddid yn y Seiat yn aml!) pan fyddai botwm B yn llyncu'r cyfan yn lle ei drosglwyddo'n ôl. Telid y costau ffôn pan ddeuai'r amser i dalu am y bara neu ryw daliad arall a golygai hyn wneud nodyn o bob galwad ar gyfer y gwahanol deuluoedd. Ond yn aml iawn byddem yn anghofio nodi'r swm a'r amser a cholled fawr fu'r ciosg i ni yn sicr.

Mân alwadau fyddai'r rhan fwyaf, at y nyrs neu'r doctor, y Co-op a'r milfeddyg neu'r dyn glo. Ambell dro byddai angen gwneud galwad breifat ar ran rhywun a byddai'r neges honno'n cael ei sibrwd yng nghlust y sawl fyddai'n gwneud yr alwad. Byddai'n rhaid dewis galwr yn ofalus, yr hynaf a'r mwyaf profiadol fel arfer, a hwnnw o dan siars i gadw'r cyfan o dan ei het. Cafodd pob cyfrinach ei chadw, er y byddai llawer o holi a cheisio datgelu'r gyfrinach ar ôl i'r si fynd ar led.

Y bore oedd amser prysuraf y ciosg. Byddai rhes o gerti a cheffylau o flaen y siop gegin ar ôl gwneud y trip dyddiol i'r stand laeth. Roedd ambell geffyl yn sefyll yn ddigon tawel a phenisel, gan blygu un goes ôl mewn hanner cwsg. Ran amlaf y ceffyl hynaf a'r tawelaf fyddai rhwng siafftiau'r gart laeth rhag ofn i ryw aflwydd ddigwydd i'r aur gwyn yn y tsiyrns. Dro arall byddai ambell geffyl mwy gwancus yn troi'n groes i'r ffordd at glawdd yr ardd i wledda ar y briallu a'r cennin Pedr na fyddai'n cael cyfle i flodeuo ar ôl cael eu difa 'ym mlodau eu dyddiau'! Y galwadau ffôn oedd yn gyfrifol am y traffig anniben. Gan mai'r gwas oedd y certmon, byddai'r neges ar gyfer yr alwad ffôn ar ddarn o bapur, yn llwydaidd ei liw a phlygedig ar ôl awr yn y boced stwmps neu yn y tun *Oxo* gyda'r ffags, er diogelwch.

Bron yn ddieithriad, angen ffonio'r dyn tarw potel fyddai'r neges. Nid oedd angen chwilio am y rhif oherwydd byddai hwnnw wedi ei gloi yn y cof o'i fynych alw; medrai'r galwr ailadrodd y rhif yn ei gwsg, neu hyd yn oed yn ei goffin pe byddai modd ac angen! Roedd gwybodaeth fanwl ar y papur (ond nid bob amser yn gywir) am ragorfreintiau'r tarw ac yn arbennig ei enw. Byddai hefyd rybudd na fyddai'r fuwch, neu'n hytrach y ffermwr ar ei ran, yn fodlon gydag unrhyw darw arall. Rhaid fyddai cael rhyw *Rainbow Mills Big Mac* neu *Matt De La Vaga* neu *Wilringa's Ned* ond nid fel'na y byddai'r enw'n ymddangos ar y papur. Byddai hwnnw, fel y soniwyd, wedi cael tröedigaeth o liw a blas y pridd a chan mai clywed enw'r tarw yn y mart wnaethai'r ffermwr, a gweld ei fod yn bwrw lloi da, ni fyddai'r enw bob amser yn hollol gywir o'i gael ar lafar. Efallai hefyd fod y ffermwr wedi clywed yr enw fisoedd ynghynt a'r cof wedi ychwanegu neu dynnu ymaith lawer llythyren neu gymal ohono. Rydym i gyd wedi chwarae'r gêm sibrwd neges o glust i glust a'i chael yn y pen draw yn gwbl wahanol i'r gwreiddiol; felly'n aml y byddai hi gyda'r tarw potel hefyd! I ychwanegu at y broblem o gael y tarw iawn, merch fyddai'n derbyn y neges yn y swyddfa a hithau braidd yn ddiniwed, fel y gweddai i un wedi ei magu yn y dref! Iddi hi, tarw oedd tarw, yn berchen ar un gynneddf hyd a maint. Nid oedd manylion papur y ffermwr, na'r enw, fawr o bwys, dim ond mater o embaras. Byddai'r galwyr ar y ffôn, yn enwedig y meibion a'r gweision fferm, ar ôl iddynt ymgyfarwyddo â dirgelion y teclyn newydd, yn tynnu arni a chael hwyl wrth bwysleisio manylion dianghenraid am y tarw megis ffurf a maint rhai rhannau o'i gorff!

Fel 'canolfan wybodaeth' roeddem wedi llwyddo i oresgyn problem enwau'r teirw gan y byddai Defi John, y dyn tarw potel, yn galw yn y siop bron yn ddyddiol i gael ei Woodbines arferol pan oedd ar ei drafael o gwmpas yr ardal. Roedd wedi torri enw pob tarw y tu ôl i'r calendar *Bibby's* a byddai'n ychwanegu neu'n cywiro'r enwau pan fyddai ambell darw wedi bwrw ei blwc ac un arall wedi cymryd ei le, felly roedd 'beibl y teirw' bob amser yn fanwl gywir. Byddai problem arall yn codi pan na fyddai ffermwr wedi deall fod y tarw a ddewisodd wedi bwrw ei blwc. Rhaid fyddai rhedeg draw i'r fferm i roi'r neges iddo ac aros tra byddai'n pendroni beth fyddai orau. Gan na wyddai ddim o ragoriaethau'r teirw newydd, byddai'r cyfnod hir o bwyso a mesur bron â siomi'r fuwch!

* * *

Mantais fawr i'r 'ganolfan wybodaeth' fedru cyfathrebu a chyflwyno gwybodaeth yn effeithiol oedd ein bod yn byw ar groesffordd. Roedd yr ardal yn ffodus o gael dau fws yn mynd heibio bob dydd, sef y Gwalia Motors, a chan nad oedd ganddynt amserlen bendant iawn, byddai digon o amser i sgwrsio gyda hwn a'r llall wrth ddisgwyl y bws. Gallai ambell fws fod hanner awr ar ôl ei amser ar brydiau a'r teithwyr yn eistedd i ddisgwyl amdano wrth fôn y clawdd, neu yn y tŷ os byddai'r tywydd yn anffafriol. Doedd dim perygl i'r bws fynd heibio gan y byddai'n canu ei gorn cyn cyrraedd i rybuddio pawb i dorri eu stori'n fyr.

Dihareb o ddyn oedd Jac y Bws, yn cario pawb a phopeth ac yn aml iawn byddai'n gryn gamp llwybro ar hyd yr eil yn y bws oherwydd y basgedi a'r sachau oedd yno, fel pe baent yn bwrpasol i faglu pawb o oed pensiwn! Bu cyfnod pan fyddai lloi bach yn cael eu cario ar y bws ond daeth hyn i ben wedi i'r perchennog dderbyn cwynion, nid oddi wrth y teithwyr gwledig ond yr ychydig ymwelwyr o Lundain a dinasoedd eraill fyddai wedi dod 'nôl 'i'r hen wlad' am rai dyddiau o wyliau. Pam cwyno am y lloi a hwythau wedi cael byw'n fras wrth werthu llaeth eu mamau?!

Roedd lle gwag y tu ôl i'r seddau cefn a chan fod drws yng nghefn y bws roedd hwnnw'n hwylus iawn i lwytho pethau trymach, mwy lletchwith. Byddai'r lloi yn cael eu rhoi mewn sachau cryf, tebyg i sachau hadau, gan glymu'r genau'n dynn am eu gyddfau a gadael y pennau allan i flasu a sawru awyr iach, fyglyd y bws! Roedd y bws mewn cryn oedran ac yn cwyno ar ei fyd ar y rhiwiau, gan greu rhyw nudden lwydlas o niwl y tu mewn – rhywbeth fyddai'n sicr o ladd y llyngyr ym mhob llo a theithiwr!

Cyfyng iawn oedd hi ar y lloi druain o fewn y sachau a byddai un neu ddau yn gwingo yn eu caethiwed. Wrth ymdrechu felly, byddent yn sleifio'n ddiarwybod i lawr yr eil. Temtiad mawr i lo wedi colli ei fam a heb gael ei frecwast oedd ambell gornel côt o Savile Row a hongiai dros ochr sedd yr ymwelwyr o Lundain, yn gyfleus iawn i geg llo bach. Roedd sugno'r rhain nes eu bod yn ewyn gwyn yn gysur mawr. Digwyddai hyn i gyd yn ddiarwybod i'r ymwelwyr crand nes iddynt gael pwt sydyn gan y lloi a gredai eu bod wedi cael mam newydd. Wn i ddim a hawliwyd costau teilwra am weithredoedd y lloi bach ond buan iawn y daeth oes y teithwyr amddifad hyn i ben.

Byddai disgwyl mawr am y bws chwech ar nos

Fercher gan mai hwnnw oedd yn cario pecyn y *Welsh Gazette* bob wythnos. Yn aml byddai sawl neges arall yn cyrraedd hefyd gan fod Jac y Bws yn barod iawn i siopa ar ran trigolion lleol fyddai'n rhy brysur, neu'n amharod i gostio i fynd i'r dref am un neges. Moddion o'r fferyllfa at ryw anhwylder; *drench* o dŷ'r fet i'r fuwch oedd wedi cael annwyd; pâr o esgidiau wedi'u haildapio gan y crydd a nifer o negeseuon tebyg. Gwnâi hyn i gyd am ychydig geiniogau a byddai'r negeseua yma yn torri ar undonedd yr aros yn y dref iddo rhwng y mynd a'r dod. Ni, yn y siop, fyddai'n talu am y negeseuon gan eu setlo wedyn gyda bil y bara, y galwadau ffôn neu'r *Gazette* a manion felly. Yn aml iawn byddem yn anghofio ond, chwarae teg, roedd 'cadwch y newid at rywbryd eto' yn llanw rhywfaint ar y bwlch.

*   *   *

Bob nos Lun byddai John Jones yr Haleliwia – ffermwr blaenllaw a pherchen ceiniog neu ddwy – yn dod i lawr oddi ar y bws. Roedd y Diwygiad wedi perchenogi ei gorff a'i enaid ond nid ei geiniogau, a oedd yn dal yn nwylo Mamon! Roedd e'n fawr o gorff ac yn bur drwsgl yn ei bedwar ugain mlwydd oed, gyda gwallt gwyn a locsen laes dros ei gern. Roedd yn fyr o eiriau bob amser, ar wahân i'r cwrdd gweddi. Câi ei gyffelybu gennym ni i nifer o'r gwŷr hynny yn y llun ar wal y parlwr, 'Cenhadon Hedd y Methodistiaid Calfinaidd 1910'. Wn i ddim a oedd 'hedd' yn ddisgrifiad cywir ohonynt, oherwydd digon bygythiol oedd golwg bron bob un, yn ein cadw ni blant allan o'r parlwr rhag gwneud drygioni.

Ar nosweithiau tywyll y gaeaf disgwylid i ddau ohonom, fy mrawd a minnau, hebrwng yr 'Haleliwia' i'w gartref, gryn filltir i ffwrdd. Nid gras y Llyfr Mawr o fynd y filltir arall oedd yn ein cymell ond gorchymyn rhieni a oedd, efallai, yn ofni ei weddïau personol tanllyd, bygythiol mewn cwrdd gweddi a'i barodrwydd i barddu'r rhai hynny na fu yng ngwres y fflam, fel ef ei hun. Roedd rhan olaf y daith yn mynd drwy'r caeau a chan ei fod e'n drwm a thrwsgl, roedd hi'n anodd ei gael dros bob sticil. Byddai'n tuchan a grwgnach ac yn ein beio'n aml rhwng ei ddannedd am ein bod yn brin ein cymorth, rhywbeth a oedd, a dweud y gwir, yn rhannol gywir. Wedi dod i olwg y tŷ fferm a thir sych o dan ei draed, byddai'n ein danfon adref yn ddigon swrth ei eiriau. Heblaw'r tuchan a'r cwyno rhwng ei ddannedd, dyna fyddai'r unig eiriau a lefarai wrthym. Dim gair o ddiolch byth.

Ar nos Sadwrn byddai bws naw yn dod ag 'adar brithion bro a bryn, i glwydo cyn y bore'. Un o'r rhain oedd Dafydd Griffiths, yn gadarn ac ysgafn ar ei draed pan na fyddai'r 'ddiod gadarn' wedi ei wneud yn sigledig. Nid ar Dafydd druan yr oedd y bai am hynny chwaith ond ar y gŵr hwnnw 'â'i lun ar bosteri'r bau' a bwyntiai ei fys yn heriol gan ddweud *'your country needs you'.* Hwnnw a'i hanfonodd i ffosydd Ffrainc a'i ddysgu i ddiota i bylu'r cof.

Hen lanc oedd Dafydd ac, yn driw i'w drêd pan oedd yn Ffrainc, gwisgai bâr o *puttiees* am ei goesau yn y gaeaf. Roedd ganddo gorff haearnaidd ac nid oedd anhwylderau pobl gyffredin yn mennu dim arno. Ni chwenychai gweryl hyd yn oed yn ei gwrw, er bod rhai bechgyn ifanc na welsant erchyllterau ffosydd Ffrainc yn cael tipyn o hwyl am ei ben fel aelod o'r *Pioneer Corps* yn cario rhaw yn lle gwn. Ar nosweithiau fel hyn, wrth ddisgwyl i 'mrawd a minnau ei hebrwng yntau gartref, byddai'n adrodd wrth fy nhad, 'Claddu, Ifan bach, do filoedd, cannoedd ambell dro bob dydd, cyrff, a rhannau o gyrff wedi'u chwalu neu eu bwyta gan lygod mawr'. Does ryfedd fod llond bol o gwrw yn ymgais i geisio anghofio pedair blynedd o uffern. Ni fynychai'r siop ond ryw ddwywaith yr wythnos, i gael owns o A1 Shag. Ambell dro, pan fyddai Johnny Walker yn siarad, byddai'n noethi cwyn am yr oes: 'Ifan bach, *give and take* yw hi i fod yn yr hen fyd 'ma, ond nawr *take the bloody lot* yw hi!'

Roedd y daith i fynd ag ef adref yn fyrrach o dipyn na thaith yr 'Haleliwia', er bod ei fesur ef o'r ffordd o glawdd i glawdd, efallai, yn ei gwneud yr un hyd. Pan fyddai'n mynd ar ei ben i'r clawdd byddai'n anodd ei gael yn ôl ar y llwybr cul gan y byddai'n syrthio i gysgu mewn eiliad. Ar y sigledig daith byddai'n mwmial rhywbeth wrtho'i hun, yn annealladwy i ni, ond sylweddolwyd yn ddiweddarach mai termau a lluniau ffosydd Ffrainc oedd yn cael eu hail-fyw yn ei feddwdod. Roedd hi'n amlwg, oherwydd ei gefndir amaethyddol, ei fod wedi cymryd diddordeb ym myd ffermio Ffrainc a gwlad Belg pan fyddai'n cael ysbaid o'r ffosydd, oherwydd geiriau'r gwledydd hynny oedd ar ei wefusau wrth drin y cŵn a'r anifeiliaid eraill, geiriau dieithr iawn i ffermwyr ein cylch ni.

Ar ôl cyrraedd y tro olaf yn y ffordd, rhyw ganllath o'r drws, byddai'n diolch inni am y cymorth ac yn mynd i'w boced i dynnu'r newid o arian y cwrw. Ceiniogau oedd y rhan fwyaf a chaem y cyfan yn ddiolchgar ganddo, ynghyd â'r rhai fyddai wedi syrthio ar y ffordd wrth eu tynnu allan o'i boced. Pa un o'r ddau ŵr oedd y gwir gymydog tybed?

*　*　*

Ar nos Lun a nos Iau byddai Elen, gwraig weddw yn ei saith degau a ffermiai gyda'i mab ryw ddwy filltir o'r siop a'r groesffordd, yn disgyn o'r bws chwech. Roedd yn arferiad ganddi fynd i'r dref ar y ddau ddiwrnod hyn, nid o anghenraid ond fel traddodiad. Treuliai'r prynhawn yn cerdded yn bwyllog i fyny ac i lawr y stryd fawr i hel straeon, yn enwedig am gapeli a phregethwyr. Dyna'i byd a'r pethau hynny oedd agosaf at ei chalon.

Ar ôl disgyn o'r bws ni feddyliai droedio'r ddwy filltir tuag adref; rhaid fyddai dod i'r tŷ a syrthio mewn cariad â'r tân. Ni fyddai sŵn a symud gweithgarwch y siop yn tarfu dim arni ac yno y byddai, â'i phen yn y tân, nes i'w mab ddod i'w nôl rywbryd rhwng deg ac un ar ddeg. Pan ddeuai'r awydd arni i siarad, arferai fân besychu ar ôl pob brawddeg a rhwng y mân beswch a'r ffaith ei bod yn sibrwd, roedd yn rhaid clustfeinio er mwyn ei chlywed.

Roedd Elen yn meddu ar y ddawn o fod yn ddiweddar ond eto byth yn hwyr. Mae angen esboniad am hyn! Byddai bob amser yn ddiweddar yn paratoi i fynd i oedfa neu i ddal y bws ac eto, byddai yno mewn pryd. Ar ddydd Llun a dydd Iau, fel y nodwyd, byddai'n dal y bws un o'r gloch ar y groesffordd o flaen ein tŷ ni. Golygai hyn gael cinio gweddol gynnar, er bod hwnnw'n hwyr yn cael ei baratoi yn ôl yr arfer. Ar ôl rhannu'r cinio iddi hi a'r mab, eisteddai wrth y bwrdd i roi'r gorchmynion iddo ar gyfer y prynhawn a cheisio bwyta'r cinio ar yr un pryd. Gan fod y tatw newydd ddod oddi ar y tân, byddai'n eu troi a'u trosi a'u rowlio'n ei cheg gan eu bod yn rhy boeth i'w llyncu, yn union fel ambell fanglen neu swejen galed yn y pwlper. Byddai angen cyfieithydd i ddeall y synau a ddeuai o'i cheg llawn taten boeth wrth iddi draddodi'r gorchmynion. Ar yr un pryd byddai ei thraed yn symud yn ôl a blaen o dan y bwrdd, yn union fel organydd yn pwmpio'r harmoniwm, wrth iddi dynnu ei hesgidiau gwaith er mwyn gwisgo'u hamgenach i fynd i'r dref. Yna byddai ei breichiau ar led, fel gwylan yn marchogaeth y gwynt, er mwyn gwisgo rhyw ddilledyn neu'i gilydd oedd wedi ei osod mewn stad o barodrwydd ar gefn ei chadair. Pan godai oddi wrth y bwrdd ar ôl cinio byddai wedi mwy na hanner gwisgo a hynny heb godi o'i chadair! Roedd ei sanau o amgylch ei phigyrnau fel arfer ac nid oedd angen cribo'r gwallt gan y byddai'n gwisgo rhyw rwyd o wead tenau, anweledig drosto. Byddai'r rhwyd yn aml, oherwydd breuder ei gwead, wedi torri'n fân dyllau ac ambell gudyn o wallt yn blaguro drwyddi. Gan fod tuedd yn Elen i wthio'r *QP* yn dynn o dan y penrwyd, byddai honno'n cael ei thorri gan ddwylo ac ewinedd garw gwraig fferm. Byddai cudyn neu ddau yn dianc drwy'r tyllau uwchben ei thalcen, gan atgoffa pawb o lun y diafol ar wal y festri, o dan y pennawd 'Peidiwch bod yn ffrind i hwn'. Ar ben y cyfan rhoddai het ddu oedd mor fflat â phoncagen fel pe bai cenedl wedi eistedd arni.

Gan fod yr amser i ddal y bws yn prinhau a'r pwdin reis, gan amlaf, yn eithriadol o dwym, rhaid fyddai bwyta hwnnw ar drafael i lawr y ffordd. Llwyaid bob rhyw gam ac erbyn hanner y daith byddai'r cyfan wedi

ei orffen. Wedi mwynhau'r ffest, claddu'r ddysgl a'r
llwy yn y clawdd y tu ôl i ryw lwyn o ddrain, yn y
gobaith o gofio'i gasglu ar y ffordd adref. Syniad ofer,
gan y byddai wedi hen dywyllu cyn iddi ddychwelyd
neu'r fan a'r lle wedi mynd yn angof. O fynych ddydd
Llun i ddydd Iau, byddai'r dysglau pwdin yn mynd yn
brinnach, brinnach yn y cwpwrdd, nes yn y diwedd
byddai'n rhaid troi at y soseri. Aent hwythau i fôn y
clawdd hefyd wrth gwrs. Yn aml wrth y tân, rhwng y
mân besychiadau, byddai'n agor ei bag i ddangos i
Mam ryw fargen o ddysglau a soseri y byddai wedi eu
prynu yn un o siopau llestri'r dref er mwyn ail-lenwi'r
cwpwrdd gartref. Ond deuai cynhaeaf llestri tua mis
Hydref yn flynyddol, yn dilyn y cyfarfod diolchgarwch
yn y capel a'r tynnu tatw. Anfonai Elen y mab a'r crwt
fyddai'n helpu ar ddydd Sadwrn i droedio'r ffordd o'r tŷ
i sgwâr y bws. Byddai gan y ddau raca llaw i grafu ac i
chwilio am y nythod dysglau a soseri, oherwydd byddai
tyfiant yr haf bellach wedi edwino a dail y llwyni wedi
syrthio a'r llestri'n atgyfodi. Erbyn calan gaeaf byddai'r
cwpwrdd yn orlawn a'r llestri a'r soseri'n gorlifo ar ôl y
gori mas. Cnwd arall erbyn y gaethglud y flwyddyn
nesaf!

*   *   *

Byddai'r rhan fwyaf o'r cynhyrchion ar gyfer y gwerthiant yn y siop yn cyrraedd fore Sadwrn oddi wrth y mân-werthwr oedd â busnes mawr mewn pentref agosach i'r dref. Roedd ganddo nid yn unig fusnes mân-werthu ond siop fawr a werthai bron bob peth, yn ogystal â bwyd anifeiliaid, busnes tacsi a lorïau cyffredin ac anifeiliaid. Roedd ei drwyn yng ngwerthiant popeth oedd o ddefnydd i ddeiliaid cefn gwlad. Yr arferiad bob bore Sadwrn fyddai dadlwytho'r cynhyrchion a archebwyd ac yna âi'r lorri ymlaen ar y daith arferol at siopau a chwsmeriaid eraill. Byddai rhestr hir o archebion a negeseuon wedi cronni ers wythnos i'w trosglwyddo iddynt. Yna dychwelai'r lorri gyda'r hwyr i dderbyn y tâl am archeb yr wythnos cynt. Gan fod ganddynt lorri cario anifeiliaid byddem, yn ystod yr wythnos, wedi derbyn nifer o geisiadau am fynd â lloi i'r farchnad ar ddydd Llun. Roedd hyn yn fwy costus o lawer na'u gyrru ar y bws. Byddai rhai ffermwyr eisiau mynd â defaid i ryw sêl, neu fuchod godro i'r mart ar ddydd Mawrth. Roedd hyn i gyd yn ysgrifenedig ar ddarn o bapur cyfleus wrth gwrs, oherwydd pe digwyddai gyrrwr y lorri anghofio, yna ni, y negesydd, fyddai'n cael y bai. Popeth ar ddu a gwyn oedd y rheol felly. Dyma pryd y cesglid y batris gwlyb i'w gwefrio hefyd, ar gyfer gwrando ar y tywydd, y newyddion a'r bregeth ar y radio – dau fatri i bob teulu, un i'w ddefnyddio a'r llall i'w wefrio.

Derbynnid ceisiadau'n aml yn ystod misoedd y gaeaf am gerrig halen i halltu'r moch ar ôl eu lladd. Roedd y rhain tua llathen o hyd ac yn naw modfedd sgwâr, ac yn culhau yn un pen. Byddai'n rhaid manu'r halen er mwyn ei daenu dros y cig a rhoi solpitar o gwmpas yr esgyrn fyddai'n y golwg. Ymhen rhyw dair wythnos rhaid fyddai cael gwared â'r hen halen, yn ôl dysg y Bregeth ar y Mynydd, ac ychwanegu halen ffres. Tewi oedd piau hi, a chau ceg yn aml fyddai orau ynglŷn ag archebu'r cerrig halen, gan fod llygaid a chlustiau gan lawer a chlustiau'r plismon yn feinach na neb. Roedd gan ffermwyr a thyddynwyr yr hawl i ladd dau fochyn at y tŷ yn ystod y flwyddyn ond byddai hynny'n dileu eu hawl i brynu'r cig moch oedd ar y llyfr rasiwns. Yn ystod y tymor lladd mochyn byddai ambell ffermwr yn archebu mwy o gerrig halen nag y byddai eu hangen ar gyfer halltu dau fochyn, rhywbeth a wnâi i rywun dybio fod rhywbeth o'i le. Mwy na dau fochyn, tybed? Cau ceg oedd y peth gorau ar adegau o'r fath a rhoi rhybudd i'r mân-werthwr fod yn rhesymol ddirgel wrth lwytho'r cerrig halen. Byddai plismon y pentref yn llygaid i gyd o gwmpas y warws ac yn dechrau holi a busnesa pe bai'n drwgdybio rhywbeth.

Gellid gwneud ceiniog neu ddwy yn ystod y dyddiau hynny drwy werthu ambell ddarn o gig mochyn, wyau a menyn ar y farchnad ddu, gan fod nifer o fân farchnatwyr yn mynd o gwmpas y ffermydd ar y trywydd hwnnw. Roedd yr awdurdodau'n cadw llygad barcud ar y drwgweithredwyr hyn a byddai'r gosb ariannol yn drom a hyd yn oed yn garchar ambell waith. Cafwyd straeon anhygoel am ffermwyr oedd wedi lladd mwy na'r hyn a ganiateid ac yn gorfod cuddio'u pechod yn y mannau rhyfeddaf pan fyddai'r gyfraith ar eu hôl. Cuddiwyd ambell gorff mochyn yn y gwely gyda chlaf; cuddiwyd eraill yn y ffwrn wal gan bapuro dros yr agoriad; ac un arall ym mocs y sgiw ynghanol y carthenni.

Cofiaf un bore ddadlwytho llyfrau cownt a phapurau o gerbyd un masnachwr y byddem yn delio gydag ef o bryd i'w gilydd. Roedd y rhain i gael eu cuddio yn llofft y siop gegin gan fod ei wraig, meddai ef, wedi ei adael ac yn ceisio cael ei rhan hi o'r busnes. Ymhen rhai dyddiau cafodd y dyn ei ddal am ei ran yn y farchnad ddu a'i ddedfrydu i naw mis o garchar. Dechrau hyn oll, meddai rhai, oedd cyhuddiad amdano ar gaead tsiyrn laeth! Tybed a oedd yr heddlu'n cael ambell i sgawt ar y *News of the Milk*? Stori gelwyddog oedd y stori am ei wraig ac ni wn beth ddigwyddodd i'r llyfrau cownt ond chawsom ni mo'n cyhuddo o *aiding and abetting* a diolch am hynny.

* * *

Nos Iau, noson y bara, oedd noson Jim Bach a'r cas gobennydd yn hongian yn llipa o boced ei got. Ei chwaer a'i gŵr fyddai'n dod â'r wyau ar nos Lun, gan na ellid rhoi Jim i ofalu am unrhyw beth toradwy. Doedd Jim Bach ddim yn debyg i'r rhan fwyaf o deulu Abraham ond efallai y dymunai rhai o'r rheini fod yn debyg i Jim. Cyn belled â'i fod yn cael ei ran o angenrheidiau bywyd, a dim ond yr ychydig lleiaf o waith, byddai Jim ar ben ei ddigon. Medrai paced o Woodbines ei roi mewn nefoedd. Cyrhaeddai ar nos Iau cyn y byddem wedi cael swper, ymhell cyn i oriau gwaith pawb arall orffen, ar ôl iddo ef, mae'n debyg, roi llaeth i'r lloi. Dyna safon bennaf ei orchwylion, os hynny hefyd. Pe gofynnid iddo a oedd popeth wedi ei wneud yn iawn, byddai'n ateb yn gadarnhaol bob tro, er y gwyddai'n iawn fod ambell lo wedi rhoi pwt i'r bwced o'i afael nes bod y llaeth ar y llawr. Ystyriai Jim mai'r lloi oedd ar fai a dim ond brefu diddiwedd y rhain fyddai'n croes-ddweud gosodiadau celwyddog, diog, Jim.

Wedi cyrraedd y siop anelai'n syth, heb ddweud gair, am y sgiw ac os digwyddai'r hen gath fod yn gwrlyn ar y glustog, câi gefn llaw sydyn nes hanner twmblo'n gysglyd i'r ffender. Yna eisteddai Jim fel barnwr â'i draed o fewn chwe modfedd i'r llawr. Y peth nesaf oedd hawlio, nid gofyn, 'paced grôt o W'bein', sef pum sigarét bryd hynny. Taniai'r rheiny gydag unrhyw ddarn o bapur ddigwyddai fod o hyd braich, boed yn bwysig neu beidio, a'r hen gath, oedd bellach ar y sgiw arall, yn llygaid i gyd ac yn barod i sgidadlan am y drws pe deuai Jim yn agos. Doedd anifeiliaid ddim ymhlith ei gariadon pennaf. Ar ôl tanio eisteddai yn ei ôl gyda'r 'W'bein' rhwng ei wefusau. Ni fyddai byth yn tynnu arni, dim ond gadael iddi fudlosgi nes bod y llwch yn hongian fel bwa mis Ebrill o dan ei drwyn. Roedd symud corff a smocio y tu hwnt i ddiogi Jim. O'r diwedd, syrthiai'r llwch yn un briffordd lwyd heibio botymau ei wasgod i'r llawr.

Ar ôl y ddefod ysmygu, pe byddai plant yn bresennol, closiai Jim atynt. Cydiai yn llaw un ohonynt a'i dal yn dynn yn ei law yntau; gofalai fod blaen y bysedd yn amlwg ac yna byddai'n bwrw eu blaenau gyda'i ddwrn. Roedd y weithred yn ddigon poenus; yna byddai'n dweud 'teiliwr bach yn bwrw'i wraig'. Rhaid bod rhywun, rywle, yn symlrwydd ei blentyndod, wedi gwneud yr un peth iddo yntau a'r weithred heb ei dileu o'i wamal gof.

Ar brydiau, dechreuai Jim stori am ryw ddigwyddiad ond am nad oedd ganddo'r gallu na'r geiriau i wneud synnwyr, ac ar ôl lloffa ym mhrinder ei eirfa, byddai'n rhoi'r gorau iddi a dweud 'Magi weud i chi'. Magi oedd y chwaer a ofalai amdano a rhoi'r arian am y 'paced grôt o W'bein' iddo. Pan ddeuai Magi a'i gŵr i'r siop yn nes ymlaen yn ystod y nos, byddai'n siŵr o ddweud 'ti weud y stori Magi', er na fyddai gan honno'r un syniad beth oedd ei stori. Gofynnid iddo bob nos beth fu'n ei wneud yn ystod y dydd ac os 'byti'r tŷ' fyddai'r ateb, golygai hynny 'dim'. Os atebai 'cae stwmp', yna'r cae tatw a'r *greencrop* fyddai wedi cael ei wasanaeth prin.

Bu Jim fyw yn ei fyd bach syml ei hun ac ni chafodd ei boeni gan broblemau byw na marw. Ni chafodd ei lethu gan ei ddiffyg synnwyr na'i ddiffyg iaith ond cafodd nefoedd mewn diogi a phecyn grôt o 'W'beins'.

* * *

Galwai rhai yn y siop gegin o bryd i'w gilydd nid yn gymaint i brynu ond yn hytrach i gael clonc a dod i wybod newyddion diweddaraf y 'ganolfan wybodaeth'. Un o'r rhain oedd Jên a'i gŵr, y ffermwyr wedi ymddeol a oedd wedi prynu'r tŷ lle cadwai'r hen Jane Hughes ei siop o'n blaenau ni. Byddai'r ddau yn galw'n feunyddiol, yn wir yn fwy na galw; byddent yn hanner byw gyda ni! Ond chwarae teg, roeddent yn barod iawn i helpu ar y fferm gyda'r godro a'r gwaith ar amser cynhaeaf.

Meddai Jên ar ryw lais crynedig, fel crafu darn o haearn ar sièd sinc, a dannedd dodi oedd yn mynd i fyny ac i lawr fel ton ar y môr wrth iddi siarad. Mae'n rhaid bod yn ei cheg ryw rym magnetaidd eithriadol i atal y dannedd rhag hedfan! Os byddai'n heulog braf tua hanner ffordd drwy'r wythnos, ei gorchwyl mawr oedd rhoi dillad dydd Sul Ifan ar y llwyni i grasu. Roedd Ifan, meddai Jên, yn dueddol o gael 'bronteitis' ac wedi gorfod cael 'hextre' unwaith neu ddwy. Mynychai Ifan yr oedfa yn weddol gyson – os byddai rhan olaf yr wythnos wedi bod yn ddigon braf i'r dillad gael crasu! Taerai Jên nad oedd gwres tân na chynhesrwydd tŷ yn gwneud y gwaith o grasu'r dillad parch a byddai Ifan yn colli ambell angladd, rhywbeth anghyffredin yn yr ardal, oherwydd tlodi'r haul yn y gaeaf a'r diffyg yn y crasu. Gwisgai wardrob o ddillad Sul, gŵyl a gwaith, a phrin y tynnai ei got uchaf hyd yn oed ar ddiwrnod o dywydd crasboeth.

Un peth a nodweddai sgwrs Jên yn ddieithriad oedd ei defnydd o dermau amaethyddol cefn gwlad, rhyw ffordd o siarad a oedd bron yn hen ffasiwn a pharchus, yn enwedig wrth drafod agweddau rhywiol dyn ac anifail. Fyddai'r fuwch byth yn 'mosod', na'r hwch 'eisiau baedd' ond yn hytrach soniai amdanynt yn 'dilyn greddf', rhywbeth na fyddai'r rhai mwyaf cwrs eu tafod yn ei ddeall.

Un gyda'r nos, cyn dyfod o'r heidiau arferol i'r siop, roedd Jên yno pan alwodd y Bugail. Nid gweinidog oedd gan y Methodistiaid Calfinaidd, neu Bresbyteriaid, fel yr enwadau eraill, ond Bugail, a doedd wiw defnyddio enw arall arno yng nghlyw'r hen flaenoriaid. Byddai'r Bugail yn siŵr o alw yn ystod yr wythnos os na fyddai pawb wedi bod yn oedfaon y Sul.

Wedi cyfarch pawb, trodd at Jên gan ofyn a oedd Ifan yn iawn, heb gyfeirio at ei absenoldeb ar y Sul. Mae'n rhaid bod yr wythnos flaenorol wedi bod yn un wleb! Aeth Jên ymlaen i ddweud bod Ifan wedi mynd i weld rhyw ddefaid mewn cae oedd heb ei werthu gyda'r fferm, er mwyn cadw diddordeb. Roedd e'n cael ffwdan gyda'r wyna a phwysleisiai Jên ei bod hi wedi ei rybuddio fisoedd ynghynt am beidio rhoi hwrdd mor fawr i'r defaid 'gan fod eu ffenestri mor fach'. Gan mai un o'r dref oedd y Bugail a heb ryw lawer o syniad am fywyd y wlad na thermau rhywiol y defaid y soniai Jên amdanynt, dim ond nodio'i ben a wnaeth, yn amlwg heb ddeall!

*   *   *

Yn ei thro deuai Mari, cymdoges agos arall, i weld a chlywed a oedd 'rhyw newydd rhyfedd' gennym. Doedd geni, priodi a marw ddim yn dod dan y pennawd hwnnw gan fod y newyddion hynny'n bethau beunyddiol bywyd ond holai'n fanwl am rywun fyddai'n feichiog heb leisens, neu rywun wedi torri ar ei gyflog. Gwisgai gap dyn ar ei phen, siôl wlân dros ei hysgwyddau, gydag un o'r pinnau mawr oedd yn ffasiynol ar y pryd yn ei dal o dan yr ên, sgert hir drwchus a ffedog fras o sach hesian. Byddai ganddi glocs am ei thraed haf a gaeaf a'r rheiny â chroen o ddom da drostynt! Ni welwyd hi wedi gwisgo unrhyw ddillad arall ac ni chlywyd amdani'n mynd i oedfa, angladd na thref yn y pedwar tymor. Roedd John y gŵr yn drwsiadus ddigon mewn dillad gwaith a châi'r dillad dydd Sul un siwrnai i'r cwrdd diolchgarwch yn y bore yn flynyddol. Anodd deall sut y byddent yn byw heb y te a'r siwgwr, dau anghenraid i ffermwyr a thyddynwyr y cyfnod.

Roedd John, mae'n debyg, o dras uwch na'r cyffredin; rywle'n ôl yn ei achau perthynai i berchenogion gweithiau plwm gogledd y sir a hanai o Gernyw. Aeth y gweithiau hynny â'u pen iddynt a chollwyd llawer o barch, bri ac arian. Bellach doedd John yn ddim gwell na daliwr gwa'ddod yn y gaeaf a'r gwanwyn cynnar, ac yn weithiwr ffordd hyn a ffordd draw weddill yr amser. Roedd ganddynt dyddyn dwy fuwch a llo ac eidion i gynnal bywyd ac i fagu dau blentyn oedd bellach wedi gadael y nyth.

Roedd popeth o gwmpas y tyddyn yn dwt ac yn ei le, pob erfyn wedi ei losgi â thair llythyren y perchennog ac yn gorwedd ar y bêm dan lofft y beudy. Ni châi neb fynd i mewn i'r tŷ gan fod John yn credu mewn rheibio. Roedd yn ddyn llym, anodd byw a chydweithio gydag e ac yn aml iawn byddai Mari o dan ei lach. Yn ei dro, yn enwedig amser cynhaeaf, byddai'n cerdded i Langurig at y dyn hysbys ac yn dychwelyd drannoeth. Ble cysgai, ni wyddai neb, ond byddai ganddo yn ei feddiant, wrth ddychwelyd, fag cotwm gyda llinyn yn tynnu ei enau at ei gilydd. Cynnwys y bag oedd darn o bapur a brynodd gan y dyn hysbys, gyda'r rhybudd nad oedd neb i edrych arno. Cofir yn dda weld y bag ar bost y gwely pan alwyd i'w weld ar ei wely angau a Mari'n rhybuddio nad oedd neb i'w gyffwrdd na hyd yn oed sylwi ei fod yno.

Mae'n debyg i'r dyn hysbys ddweud wrtho un haf, pan oedd yr hufen yn gwrthod troi'n fenyn – peth digon cyffredin ar dywydd cynnes – am fynd adref ac edrych yn y drych. Pe gwelai wyneb rhywun heblaw ef ei hun, yna honno neu hwnnw oedd yn ei reibio. Mae'n debyg i John weld wyneb yr hen Lisi Abernant, ei fam-yng-nghyfraith, yn y drych ac o hynny ymlaen ni siaradodd air gyda hi na chwaith fynd i'w hangladd.

Pe byddai'r cynhaeaf gwair yn ddrwg o ran tywydd, byddai John ar ei waethaf. Cerddai'n ôl a blaen i'r cae gwair gan fwmian wrtho'i hun a gwae unrhyw un a dorrai air ag e. Yn y cyfnod yma roedd wedi dweud wrth gymydog o ffermwr oedd â'i groen yn tywyllu tipyn ar gyfnodau o haul, pan fu i hwnnw ddatgan nad oedd argoel am dywydd da, 'Nid mater eich bod yn ddu tu fas, ond yn ddu tu fewn hefyd!'

Un flwyddyn roedd John wedi hau rhyw hanner cyfer o geirch er mwyn pesgi'r eidion cyn ei werthu ond erbyn tymor y cynaeafu roedd hi'n dywydd anwadal iawn. Gwrthodai godi gan fod rhywun yn ei reibio a bu'n rhaid i Mari bladuro a rhwymo'r cynhaeaf ei hunan, gan ddod draw atom ni bob ryw hanner awr i hogi'r bladur. Ofer fyddai i ni, na neb arall, wneud y cynaeafu ar ei rhan.

Nid yn unig y câi John ei reibio ond medrai ef ei hun reibio eraill hefyd, yn ôl y farn gyffredin. Un gaeaf galwodd mewn fferm i weld a oedd angen dal gwa'ddod. Gan eu bod yn brysur yn paratoi i ladd mochyn ni wnaed llawer o sylw ohono, gan ddweud nad oedd angen ei wasanaeth y flwyddyn honno. Aeth John 'ymaith yn athrist' ac aeth y ffermwr a'r mab ati i ladd y mochyn. Roedd ganddynt brofiad o wneud hyn ond y bore hwnnw, er ceisio torri'r wythïen yn y gwddf i waedu'r mochyn, ni ddeuai fawr ddim gwaed, dim ond sgrechian annaearol y mochyn druan. Penderfynwyd fod John wedi eu rheibio ac anfonwyd y gwas ar ei ôl i'w annog i ddod yn ôl i ddal y gwa'ddod. Y funud y cyrhaeddodd John y buarth fe waedodd y mochyn yn ôl yr arfer, heb roddi cyllell arall yn ei dagell. Taerai ffermwr arall pe byddai John yn dod yn agos i adeiladau'r fferm y byddai'r lloi a'r ebolion yn cerdded i fyny waliau'r cytiau ar eu traed blaen mor uchel ag y gallent.

Do, cafodd Mari fywyd caled a heb os edrychai ymlaen at ei hawr wythnosol pan fyddai 'John ddim adref' i gael clonc a chlywed 'rhyw newydd rhyfedd' o'r ganolfan wybodaeth.

* * *

159

Ddwywaith yr wythnos galwai William James am ei dorth a'i owns o faco. Gŵr gweddw oedd William ac er ei fod yn tynnu at ei bedwar ugain gweithiai fel gwas bach, yn ei eiriau ei hun, ar un o'r ffermydd mawr yn nes i'r dref. Mynnai rhai mai dim ond William a'r forwyn oedd yn gweithio yno a'r perchenogion yn treulio'r dyddiau yn dal pen rheswm yn yr amrywiol farchnadoedd ac ocsiynau, ymhell ac agos. Roedd hithau, gwraig un ohonynt, yn meddu ar y ddawn o siopa ers toriad ei bogail, yn newid ei dillad crand bob lleuad newydd.

Roedd William wedi gwasanaethu fel prif gowmon yn rhai o brif ffermydd y cylch pan oedd yn iau ac wedi cael tŷ gweithiwr a thyddyn bron bob tro. Symudai'n weddol aml, nid am ei fod yn esgeulus yn ei waith ond am ei bod hi, ei wraig, yn dyheu am gartref gwell a rhyw fan gwyn fan draw. Roedd William bellach yn ŵr gweddw, wedi colli ei statws oherwydd ei oedran ac yn byw mewn bwthyn dwy simnai a sièd gan dalu ceiniogau o rent. Yr angen i dalu'r rhent hwnnw oedd y prif reswm ei fod yn gweithio fel gwas bach, yn ogystal â'r ffaith nad oedd diogi yn ei esgyrn.

Oherwydd ei aml symud i wahanol ardaloedd, roedd ganddo stôr o straeon am ddigwyddiadau a chymeriadau. Roedd ganddo ddywediadau bachog a gafaelgar ac ar dywydd gwlyb pan fyddai pawb yn achwyn byddai'n dweud yn smala, 'Does yna'r un rheswm pam na allwn fod yn lân beth bynnag.' Roedd ganddo ddawn dweud stori a medrai gadw pawb am awr gyda'r un stori ac yntau'n eistedd yn y gadair nesaf at y drws. Diolch byth mai yn y gadair honno yr eisteddai gan ei fod yn gwisgo'r esgidiau mwyaf a thrymaf a luniodd yr un crydd erioed – llongau rhyfel o bethau a'r rheiny'n cario llwyth cart o bridd a dom da drostynt. Gadawai'r cyfan ar y llawr wrth y drws yn anrheg i riwbob a chwyn gwraig y siop.

Yn y gwanwyn, pan fyddai'r plismon lleol yn mynd o gwmpas y ffermydd i sicrhau fod y cŵn wedi eu cau i mewn ac ar dennyn, clywid yr un stori gan William bob tro. Yr oedd, meddai, wedi bod yn gowmon ar fferm mewn plwyf arall ac yn hapus iawn yno yn ei dyddyn un fuwch a llo a berthynai i'r fferm. Ond braidd yn sydyn, fe gollodd y ffermwr ei wraig a phenderfynodd werthu'r fferm a symud i mewn i'r tyddyn, gan wneud William a'i deulu'n ddigartref. Prynwyd y lle gan rywrai di-Gymraeg o Loegr; bu ocsiwn a symudodd yr hen ffermwr gydag un fuwch a Moss yr hen gi i'r tyddyn. Galwai William yn achlysurol i weld yr hen ŵr a châi ganddo hanes y ffermio modern yn yr hen le. Yn wahanol i wragedd ffermydd y cyfnod, roedd gwraig newydd y fferm am gael pob math o gyfleusterau modern yn y tŷ ac ymuno â'r *W.I.* – cymdeithas a oedd yn barod i estyn breichiau a bod yn groesawus i wragedd felly, a chaent hwythau hanes y chwyldro yn nhŷ'r fferm, gan grechwenu ar lwydni hen ffasiwn bywyd y cyn-ddeiliaid.

Gan fod llawer o dorcyfraith yn yr ardal y daethant ohoni yn Lloegr (yn wahanol iawn i'r ardaloedd Cymraeg) ac am fod y fferm mewn lle anghysbell, roedd y wraig yn cadw corgi i gyfarth ar bwy bynnag a ddeuai'n agos ac Alsatian i godi ofn arnynt. Un min nos, tra oedd yr hen ffermwr yn ddigon diddig-ddiddan yn ei dyddyn, daeth cnoc sydyn ar y drws. Y plismon lleol oedd yno gyda'r newydd fod defaid un fferm yn yr ardal wedi cael eu lladd ac roedd y ffermwr yn dyst mai'r Alsatian bondigrybwyll fu wrthi. Roedd hefyd wedi gweld yr hen Foss yn croesi'r cae tuag adref ac yn tybio felly fod yr hen gi wedi bod yn bartner yn yr anfadwaith. Roedd Moss wedi arfer crwydro caeau ei hen gartref; onid oedd wedi gwneud hynny drwy ei oes pan oedd wrth ei waith? Tystiai'r hen ffermwr fod y ci'n ddieuog; roedd wedi byw gydol ei fywyd gyda defaid heb gyffwrdd yr un ohonynt a beth bynnag, ci ifanc, dieithr, fyddai'n lladd defaid bob tro. Rhoddodd y plismon glust i ddadl yr hen ŵr ond, er y cydymdeimlad, roedd yn rhaid difa'r ci. Mewn ardal wledig amaethyddol doedd dim maddeuant i gi lladd defaid.

Y noson honno cysgodd Moss yn dawel ond hir fu'r aros am gwsg yn y tŷ, fel disgwyl am awel fwyn Ebrill ar ambell wanwyn. Gwyddai'r hen ŵr yn dda nad oedd maddeuant i gi lladd defaid – ond Moss druan, y ffyddlonaf o'r ffyddlon, ni fu ei debyg na'i ddiniweitiaf. Edrychai'r ddau ymlaen at dreulio diwedd oes yng nghwmni ei gilydd. Roedd colli dau gydymaith ffyddlon, ei wraig a'r ci, yn dorcalon i'r hen ŵr ar ddiwedd oes faith. Sut fyddai bywyd iddo hebddynt, yn wag a digysur?

Cododd yr hen ŵr yn fore, wedi cael nerth o rywle; cydiodd mewn rhaff denau ac aeth allan i'r bing. Pan welodd Moss ei feistr cododd o'i wâl, ymestynnodd i'w lawn hyd yn gysglyd ac edrychodd i lygaid ei feistr, yn barod ddigon i gael cwmni hwnnw am ddiwrnod arall. Symudodd ymlaen tuag ato gan godi ei ddwy bawen at gorff ei feistr. Twmblai dagrau'r hen ŵr i lawr dros wyneb Moss ac mewn llais bloesg a chrynedig, siaradodd ag ef yn Saesneg, efallai am nad oedd e am i'r ci ddeall, oherwydd roedd wedi tystio erioed fod yr hen gi'n deall pob gair Cymraeg a lefarai. Ond, yn fwy tebyg, am ei fod wedi ei gynhyrfu gymaint fel y byddai unrhyw beth dieithr yn tynnu ei sylw oddi ar y weithred ysgeler. Daeth y geiriau'n araf: '*Wel, Moss, I'm sorry to say, brecwast this morning is cordyn!*' Beth, tybed, fyddai Hollywood wedi'i wneud o'r darlun olaf hwn?

Atsain o Tegla yn *Gŵr Pen-y-bryn*? Na, ni wyddai William ddim am fodolaeth yr un o'r ddau!

Amser i Ðyfu

Wedi prysurdeb yr wythnos rhaid fyddai troi am Gapel Tabor ar y Suliau fel y rhan fwyaf o'r trigolion lleol. O fewn plwyf gwasgarog Llangwrddon roedd tri chapel, dwy gangen ac olion un arall. Soniwyd eisoes am y capel bach, Soar yr Annibynwyr, a oedd fwy neu lai'n gapel i un teulu er i 'Nhad ei fynychu pan wasanaethai ar un o ffermydd y fro cyn troi'n Fethotsyn. Fe fu capel Wesle ar dir Glan-gors, rhyw hanner milltir o'r pentref ond daeth hwnnw i ben ac ymunodd llawer o'r gynulleidfa fach honno â'r Annibynwyr. Gan fod aelodaeth Soar, y capel bach, yn y cyfnod hwnnw'n dipyn o gymysgedd, yn cynnwys rhai Methodistiaid Calfinaidd ac Eglwyswyr hefyd, cafodd ei alw ar lafar gwlad yn 'Dŷ Cwrdd Siprys' ond Methodistiaid Calfinaidd oedd trwch y plwyfolion gan fod dylanwad Daniel Rowland, Llangeitho, plwyf cyfagos, a'i achau'n drwch yn y fro. Bu Pantycelyn yn cynnal ei seiadau yma hefyd ac roedd traddodiad fod Hywel Harris wedi pregethu, a chael ei erlid, yn Felincwm, canolfan fach arall o fewn y fro y soniwyd amdani. (Mae'r dystiolaeth am gryfder y traddodiad Calfinaidd i'w weld yn amlwg iawn yn hanes yr ymfudo o'r ardal yn y bedwaredd ganrif ar bymtheg yn *Calvinists Incorporated* gan Ann Kelly Knowles.)

Roedd trefniadau ar gyfer y Saboth yn dal i gael eu gwneud ar ddydd Sadwrn gan lawer teulu a gofelid fod popeth posibl yn cael ei wneud ymlaen llaw i beidio â tharfu ar y Sul. Byddai'r dillad gore wedi eu paratoi'n ofalus, pob esgid yn lân a'r bwyd i'r anifeiliaid o dan do fel na fyddai ond y lleiaf o weithgarwch ar y diwrnod arbennig ei hun. Mewn ambell fferm ni fyddai'r beudy'n cael ei garthu hyd yn oed, na chwaith gasglu'r wyau ac roedd cydio mewn nodwydd neu haearn smwddio yn bechod mawr.

Problem fawr fy nhad-cu, oedd yn byw gyda ni, oedd siafo ar nos Sadwrn. Am ei fod yn cadw locsen a mwstásh, ychydig o le oedd i'r rasel bori ar ei wyneb, dim ond dau batshyn o gwmpas ei fochau. Byddai'r ddefod yn dechrau ar ôl swper nos Sadwrn trwy ysgwyd y tegell cast oedd ar y pentan i weld a oedd digon o ddŵr ynddo. Yna byddai'n arllwys tipyn o'r dŵr dros ei fys i'r lludw i weld a oedd yn ddigon poeth. Os oedd yn rhy dwym, ysgydwai'r bys er mwyn i'r awel ei oeri i sŵn y gair 'drapo' – fyddai e byth yn rhegi, er mai'r gair 'damio' roedd e'n ei feddwl! Wedi rhoi dŵr yn y tegell, os byddai angen, cerddai o ddodrefnyn i ddodrefnyn, er mwyn arbed defnyddio ei ddwy ffon, i baratoi ar gyfer y ddefod. Yn gyntaf rhaid fyddai gosod y lamp baraffîn mewn man arbennig ar y bwrdd, union ddwy droedfedd o'r ymyl ac yna ymlwybro fel llygoden Ffrengig o gwmpas wal y gegin i nôl y lwcin' glàs oedd yn hongian ar bwys y ffenest. Wedi ei roi o dan ei gesail, gan fod angen y ddwy law arno, ymlwybrai'n ôl gydag ymyl y bwrdd nes cyrraedd at y lamp. Gosodai'r lwcin' glàs i bwyso yn erbyn ffrâm honno gan fod angen pob pelydryn o olau ar gyfer y ddefod. Gorchwyl un ohonom ni'r plant oedd y nesaf, sef nôl y strapen hogi a'r cwpan siafo o'r cwpwrdd dan stâr. Er mwyn arbed dwy siwrnai byddid ambell waith yn ceisio cario'r ddau ar yr un pryd, sef y cwpan a'r strapen, ond nid oedd hyn i fod, rhag ofn y cwympid y cwpan, sef anrheg iddo gan Doctor Ellis, mab fferm lle bu unwaith yn gwasanaethu pan oedd hwnnw'n blentyn. Dim ond oedolyn fyddai'n cael dod â'r raser iddo – y *cutthroat* – o un o jygiau'r dreser gan na fyddem ni'r plant yn cael cyffwrdd â honno, er ei bod mewn bocs pren a hen lastig gardas un ohonom yn dal y caead ar gau. Gorchwyl arall i un o'r oedolion fyddai rhoi'r dŵr yn y cwpan siafo tra byddai'r hen ŵr yn llyfu'r rasel ar y strapen i'w hogi.

Wedi trefnu'r cyfan ar y bwrdd, eisteddai yn ei gadair gan fachu tywel rhwng coler ei grys a'r croen, fel y gwnâi mam wrth fwydo babi. Chwyddai'r wyneb o dan luwch o ewyn sebon coch ac roedd hyn yn arwydd i ni'r plant fynd ar ein gliniau wrth y bwrdd gyferbyn, gyda phen pob un yn pwyso'n ei ddwylo i weld y perfformans. Llygadrythem ar y symantau a'r tynnu wynebau wrth dynnu'r trwyn o'r naill ochr i'r llall, gan ddisgwyl unrhyw funud i'r rasel gleddyfu sleisen i ffwrdd. Roedd dal y rasel yn grefft oherwydd byddai'n rhaid dal y bys bach i fyny yn union fel y byddai'r ladis yn ei wneud wrth ddal cwpan i yfed te. Yna byddai'n rhaid symud y glust tuag yn ôl i gynaeafu'r dalar o flewiach a dyfai wrth ei bôn gan ambell waith fynd braidd yn agos a thynnu gwaed i sŵn y 'drapo'! Byddai cefndir o riddfan ac ocheneidio i'r holl broses a'r wyneb yn newid o dan y symudiadau fel haul a chwmwl Ebrill ar fryn. Erbyn cael pethau'n ôl i'w lle byddai'n amser gwely a phopeth bellach yn barod erbyn y Sul.

Roedd Newyrth Ifan, fel y byddai Mam yn ei alw, yn ddadansoddwr ac yn sylwebydd craff ar amgylchiadau a throeon bywyd, ac yn ei ffraeth gymariaethau byddai'n datgan ar goedd yn aml nad oedd i wraig esgor ar blentyn bob blwyddyn, ac roedd hynny'n ddigwyddiad digon cyffredin bryd hynny, yn ddim o'i gymharu â dyn yn gorfod siafo bob nos Sadwrn!

* * *

Roedd Capel Tabor nid yn unig yn ddylanwad ar grefydd yr ardal ond hefyd yn ddylanwadol o ran maint a safle'r adeilad. Safai ar dir uchel uwchlaw'r dyffryn, wedi ei adeiladu o gerrig lleol o chwarel gyfagos. Yn ychwanegol at y capel adeiladwyd ato un o'r tai capel traddodiadol cyntaf, ystabl i geffylau'r pregethwyr a'r addolwyr a deithiai o bell, ac ysgoldy helaeth uwchben y stablau. Yn yr ysgoldy hwn y cynhelid Ysgol y Bwrdd ar ddiwedd yr ugeinfed ganrif a chyfarfodydd amrywiol y gymuned.

Mae'r llecyn lle codwyd y capel yn ôl traddodiad yn fan cysegredig, rhyw chwarter milltir o'r sgwâr lle saif y siop, ar yr hen ffordd drwy'r pentref. Islaw'r capel roedd pistyll, sydd bellach dan gerrig maes parcio'r capel, a oedd yn llecyn i bererinion Llŷn, Arfon a Meirionnydd gael hoe ar eu taith i dderbyn cymun o law Daniel Rowland yn Llangeitho. Roedd yn arfer gan y pererinion hyn i hwylio mewn cychod ar hyd y glannau o fân borthladdoedd y gogledd a glanio ar draeth Tan-y-bwlch ger Aberystwyth. Taith bore o gydgerdded fyddai hi wedyn i gyrraedd y pistyll ger Capel Tabor ac yna, ar ôl gorffwyso a disychedu, ymlaen am ail hanner y daith i Langeitho. Saif Capel Gosen, Rhydyfelin, sydd ryw filltir i mewn o'r traeth yn Nhan-y-bwlch, yn dyst i'r traddodiad a'r eglwys hon, oherwydd ei hoed a'i hanes, yw mam eglwysi Methodistiaid Calfinaidd tref Aberystwyth.

Arferem ni fel teulu fynd yng nghwmni eraill i Dabor ar gyfer oedfa'r nos a cherdded y ddwy filltir gyda chryn gyflymder. Doedden ni, na llawer o rai eraill, ddim yn mynd i oedfa'r bore yn aml a digon tenau fyddai'r gynulleidfa yr amser hynny o'r dydd ond byddai'r capel yn rhwydd lawn yn y nos. Roedd galwadau ffermio yn ei gwneud hi'n haws mynd i'r cwrdd yn y nos gan fod Mamon y stand laeth yn clymu pawb wrth y pedair teth! Roedd gyda'r nos yn amser cyfarfod i lawer gwas a morwyn oherwydd prin y caent hwythau benrhyddid i bresenoli'u hunain yn oedfa'r bore.

Roedd hi'n arferiad gan y bechgyn ifainc i sefyll yn rhes wrth wal cwrt y capel i siarad â'i gilydd cyn yr oedfa. Pawb yn barchus ddigon, neb yn smocio nac yn siarad yn uchel. Pan glywent yr emyn cyntaf yn cael ei daro byddent yn cerdded i mewn gyda'i gilydd, nifer ohonynt i'r corau cefn a rhai hyd yn oed i'r llofft.

Un tro roedd pregethwr gwahanol yn oedfa'r nos i'r un fu'n cynnal y gwasanaeth yn y bore. Fel y rhan fwyaf o bregethwyr y cyfnod byddent yn cael 'lifft' i'w cyhoeddiadau gan gymwynaswyr lleol ac felly'r oedd hi gyda phregethwr y noson honno. Safodd gyrrwr y noson honno allan gyda'r bechgyn ifainc wrth y wal i sgwrsio ac aeth y pregethwr i mewn i'r capel. Fel yr oedd yn digwydd, roedd nam corfforol ar y pregethwr; roedd e'n rhyfeddol o wargam a'i ben ar dro gan wneud iddo edrych i'r chwith yn barhaol. Holai'r gyrrwr yn fanwl lle'r oedd safle'r cloc yn y capel a phan gafodd wybod bod hwnnw'n union o flaen y pulpud, roedd pethau'n edrych yn dywyll meddai. Amhosibl fyddai i'r pregethwr, oherwydd ei ben ar dro, weld y cloc a byddai'n 'blygain Amos' cyn y byddai'n gorffen!

I blant, tipyn o boen oedd gorfod eistedd yn dawel a llonydd drwy'r oedfa a dim ond grym pinsiad ar goes neu fraich a'n cadwai felly. Byddai'r bregeth yn hir ond ambell dro byddai rhyw ddigwyddiad bychan yn tynnu ein sylw ac yn ein diddori. Cyfrifem sawl gwaith y byddai'r Parchedig Caron Jones yn cosi ei glust a sawl gwaith y byddai Jones Llanilar yn tynnu ac yn gwisgo'i sbectol ac ambell bregethwr yn ailadrodd gair neu gymal drosodd a throsodd. Mawr fyddai'r dadlau yn aml os byddai'r fathemateg yn wallus nes i binsiad arall roi atalnod llawn ar y ddadl! Eisteddai un wraig briod yn ei sedd ar ei phen ei hun, gan wasgu mor agos i ffin y côr gyferbyn ag y gallai – er mwyn derbyn llythyr caru oddi wrth ŵr dibriod a glosiai o'r côr gyferbyn at yr un ffin yn ein barn ni! Byddem yn llygaid i gyd i weld sut y byddai postmon llythyr caru'r Sul yn trosglwyddo'r llythyr. Roedd y trosglwyddo'n ddewinol ac fel cewri dewiniaeth y theatr, prin y gwelech y dwylo'n symud. O fethu gweld, byddem yn glustiau i gyd yn gwrando am sŵn papur yn ystod y weddi a fyddai'n profi slicrwydd gweithred y Romeo a'r Juliet.

Y Parchedig John Edwards oedd y bugail am wyth

mlynedd ar hugain a hynny am gydnabyddiaeth o ryw ddeugain punt y flwyddyn. Roedd hyn yn cynnwys bugeilio'r aelodau a phregethu ryw un Sul y mis, ran amlaf ar Sul y cymun. Pregethai'r Suliau eraill o fewn yr Henaduriaeth fel arfer. Byddai'r tâl a gawsai am y Suliau hyn yn ychwanegol at ei ddeugain punt brin. Eto, er lleied y swm, byddai'n cyfrannu'n hael at y Weinidogaeth yn Nhabor. Ar ddiwedd y rhyfel, mewn cwrdd eglwys, penderfynwyd codi deg punt at y gydnabyddiaeth!

Roedd ei wallt gwyn yn hir, bron i lawr at ei war ac ni chofiaf erioed ei weld yn gwisgo coler ei weinidogaeth. I blentyn, edrychai'n union fel Lloyd George ac achosodd hyn gryn broblem i mi wrth feddwl sut y medrai dyn gael dau enw, a medru bod mewn dau le ar yr un pryd, sef yn Llundain ac ym mhulpud Tabor! Rhyfedd fel y mae'r meddwl ifanc yn camddeall sefyllfa'n aml. Cofiaf glywed sôn yn yr ardal am wraig oedd yn byw mewn tŷ o'r enw Pe'riw wedi cael arian mawr, yn ôl yr hanes, ar ôl rhyw berthynas. Gwnâi ei gore glas, fel Cardi da, i gadw'r ffaith rhag clustiau pawb. Ond yr hyn a'm synnodd, ac a wnaeth i mi holi cwestiynau, oedd sut y gwyddai Pantycelyn am hyn – un yr oedd cymaint o sôn amdano gan y pregethwyr – a pham yr oedd yn cyhoeddi ffortiwn y wraig wrth bawb, wrth i ni ganu am 'aur Periw'!

Er mwyn arbed cerdded adref o'r ysgol ddyddiol ac

yna mynd yn ôl i gyfarfodydd y plant, byddai'r bugail yn cynnal y rhain yn y festri yn syth ar ôl yr ysgol ar brynhawn dydd Mawrth. Tyrrem yn swnllyd ond clemiog i'r festri i gael ein paratoi ar gyfer Arholiad yr Ysgol Sul ym mis Mawrth. Byddai'r bugail wedi paratoi deg cwestiwn yn ein llyfrau ysgrifennu i'w hateb erbyn y cyfarfod. O! y fath draed brain o ysgrifen gan y bugail, a ninnau'r plant newydd ddod o'r ysgol lle'r oedd pwyslais mawr, a hyd yn oed flas ffon, os nad oedd yr ysgrifennu'n lân a thaclus. Ar ôl iddo edrych dros yr atebion fe ddychwelid y llyfrau'n fwndel dan law un o'r plant hŷn, gyda chwestiynau eraill yn ein llyfrau i'w hateb erbyn y cwrdd plant nesaf.

Cerddai'r Parchedig o'i gartref, y drws nesaf i siop William, yn araf i'r festri ar y nosweithiau hyn, nid yn unig am ei fod mewn gwth o oedran ond am mai pur anaml y byddai'n cau ei esgidiau ac fe wnâi hyn iddo lusgo ei draed fel plentyn yn sgathru trwy ddail crin. Ambell dro byddai'n hwyr yn cyrraedd a hynny'n rhoi cyfle i greu randibŵ yn y festri nes i William Tŷ Capel ddod i dawelu pethau. Cofir un tro i William roi pawb i eistedd yn y tu blaen a'n cael bob yn un, yn ei dro, i ddod i benlinio ar ei bwys i ddysgu gweddïo. Roedd William wedi bod yn gweithio ym mhyllau glo'r de ac wedi dod dan ddylanwad y Diwygiad yno. Mae angen profiad i weddïo'n gyhoeddus a chlymog iawn fu tafodau'r gweddïwyr ar eu gliniau. Buan y sylweddolwyd nad oedd clyw William fel y dylai fod ac er ei fod yn amenio'n barhaus, go brin y deallai fawr oedd yn cael ei ddweud. Roedd hyn yn rhyddhau'r tafod a does dim ond gobeithio fod gan y Bod Mawr y gallu i chwerthin ar ben y pethau erchyll a gâi eu dweud y troeon hynny, a maddau i'r hen sant am amenio'r fath barabl!

Prin yr âi'r Parchedig John Edwards ymhell i bregethu ar y Suliau a phrinnach, efallai, i gyfarfodydd eraill yr enwad. Roedd ei bregethu'n draddodiadol iawn mewn dull a threfn. Yn ystod ei weddi byddai'n troi i lafarganu a'r sain yn suo i fyny ac i lawr yn undonog. Yr un patrwm oedd i'r bregeth hefyd ac anodd ar nosweithiau hafaidd oedd canolbwyntio ar y grwndi llafar. Clywais ddweud ei fod, ar brydiau yn ystod y weddi, yn diolch am gael byw a bugeilio mewn ardal wledig, ymhell o afael pechodau trefi mawr y sir! O dreulio ei oes o fewn terfynau arogl y mwg, y trefi hyn oedd Sodom a Gomora a thiriogaeth gwraig Lot iddo ef.

Byddai drysau'r capel ar agor ar nosweithiau braf a thrwyddynt gwelid y ddraenen ddu neu'r ddraenen wen yn lluwch o flodau ar y llechweddau gyferbyn, gan ddenu'r meddwl i grwydro. Fel arall y byddai yn y gaeaf, gan nad oedd unrhyw fath o wresogi yn yr adeilad a'r meddwl yn rhynnu grwydro i rywle cynhesach. Mynnai rhai nad oedd angen gwres gan fod y rhan fwyaf yn cerdded cryn bellter i'r oedfa ac felly'n dal yn eu cynhesrwydd tan yr 'Amen' olaf.

Yn ystod y cyfnod bu tri o blant yr eglwys yn ymgeiswyr am y weinidogaeth ac un o Gapel Bethel, capel o'r un enwad, o fewn y plwyf. Yn eu tro byddent yn llenwi'r pulpud yn Nhabor ac ym Methel a gwneud hynny'n ganmoladwy. Roedd rhieni un ohonynt wedi dod yn drwm dan ddylanwad y Diwygiad a'r ddau yn barod iawn i borthi. Pan fyddai'r mab yn y pulpud byddai'r porthi'n mynd yn gynhaeaf ac anodd iawn fyddai clywed, heb sôn am ddilyn, y weddi na'r bregeth. Gwawdiai rhai o'r ieuenctid ef trwy ddweud mai pregeth sâl oedd ganddo a bod y porthi parhaol yn sgêm i gadw pawb rhag clywed a mynd i gysgu! Nid gwir hyn, oherwydd daeth yn bregethwr canmoladwy ym mhob un o'i ofalaethau.

Roedd un arall yn eithafol o hwyliog ac yn ddigon uchel ei gloch i foddi pob 'Amen' a 'Diolch Iddo'. Nid yn unig roedd yn taranu ond yn chwifio'i freichiau o gwmpas wrth daranu ei ffordd drwy'i bregeth. Yn ei berorasiwn un nos Sul, trawodd un o'r lampau olew oedd wrth ochr y pulpud nes i'r gwydr ddisgyn ar ben y blaenor a eisteddai o dan y pulpud. Druan o Ifan James, iddo ef dyna beth oedd trawiad o'r nefoedd fel Saul ar ffordd Damascus gynt! Pan sylweddolodd mai dim ond myfyriwr o bregethwr oedd achos ei gwymp, tynnodd allan facyn gwyn o'i boced i sychu'r gwaed oedd yn llifo i lawr ei gern. Er mwyn i'r 'gwaed a redodd' beidio achosi ofn i'r gynulleidfa gwaeddai'r pregethwr 'ewch mas, ddyn, ewch mas!' Ni symudodd y clwyfedig oherwydd gwyddai, pe deuai storm arall, mai'r blaenor yr ochr draw fyddai'n dioddef dan rym yr awel gref a'r gwymp oddi uchod!

Ym mis Awst byddai llawer o'r bechgyn mwyaf hyderus yn trwsio ychydig ar eu gwisg a'u hymarweddiad. Dyma'r adeg y byddai Cymry Llundain yn dychwelyd i'r Hen Wlad gan ddod â'u plant yn eu sgil, gan gynnwys merched ifainc trwsiadus, ffasiynol strydoedd y brifddinas. O gael lwc byddai hyn yn arwain at noson o garu i ambell un ar ôl llygadu'r eilun rhwng bysedd llaw gilagored yn ystod y weddi. Hwythau'r merched yr un mor amharod i wrando ar y bregeth wrth edrych o gwmpas i weld y dalent oedd yn bresennol – ond anodd fyddai cael llwyddiant i'r caru gan fod y rhieni gwarcheidiol yn dra gofalus o'u hepil ac yn eu cadw o afael cryts cwrs cefn gwlad.

Tua diwedd mis Ionawr byddai rhaglen y Cwrdd Bach yn cael ei chyhoeddi a chyda hynny byddai'n rhaid dechrau ymarfer. Ran amlaf emynau o'r Detholiad fyddai'r cystadlaethau canu i'r plant a'r bobl ifanc. I'r adroddwyr y dewis fyddai darnau o farddoniaeth a ymddangosodd yn *Trysorfa'r Plant* ond gan fod copïau o'r rhain wedi eu hen golli byddai chwilio mawr am y darnau. Byddai ambell deulu wedi

eu cadw'n ofalus ac felly ceid benthyg y rhifyn i'w gopïo
a siarsio mawr i'r copïo fod yn gywir. Ychydig geiniogau
fyddai'r gwobrau, a hynny i'r plant yn unig, ond y peth
mawr oedd cael rhuban – un coch i'r cyntaf. Cyflwynid
y rhain gan y llywydd neu aelod blaenllaw yn y capel a'r
cyfan wedi eu printio'n drefnus gan Wil Woodward,
argraffydd y pentref.

Yn y festri y cynhelid y cyfarfod a chan fod cymaint
o wres a chwys o fewn yr adeilad y noson honno,
byddai ambell ddarn o'r gwyngalch ar y nenfwd yn
syrthio bob hyn a hyn, fel plu eira. Byddai'r beirniaid,
ran amlaf, yn weddol leol ac felly'n adnabod yr
oedolion a cheid tipyn o dynnu coes yng nghystad-
laethau'r rhai hŷn, a byddent hwythau'r beirniaid yn
cael eu beirniadu yn ystod y dyddiau dilynol!

Byddai un hen frawd yn cystadlu'n flynyddol ar ganu
emyn a phan fyddai'r hwyl yn gafael ynddo byddai'n
ysgwyd yn ôl a blaen fel llong mewn storm, a'i lygaid
ynghau. Ar adegau byddai'n methu taro'r dôn yn gywir
ac un tro, wedi ceisio ryw ddwy neu dair gwaith,
penderfynodd roi'r gorau iddi. Fe'i perswadiwyd gan y
beirniad i roi cynnig arall. Y tro hwn dyma'r beirniad
yn cydganu gydag e am ychydig, gan dawelu ar ôl i'r
canwr gael ei draed tano. Aeth yr unawdydd ymlaen yn
hwylus am ychydig, cyn aros a throi at y beirniad ac
meddai, 'Diawl, dwedwch wrtho i – fi ne' chi sydd i fod
i ganu?'!

* * *

Fel y dywedais, roedd ardal Cornelofan (neu 'Cornel') yn rhyw ganolbwynt rhwng tri phentref: dwy filltir o Langwrddon, dwy filltir o Landdeiniol ac ychydig yn fwy o Lanilar. I raddau roedd yr ardal yn gymuned ar ei phen ei hun ac yn dal rhyw gysylltiad gyda'r tri phentref, er mai i Gapel Tabor y byddai'r rhan fwyaf o'r cylch yn mynd. Ychydig bellter i lawr y ffordd roedd tri phlwyf yn cyfarfod mewn man a adwaenir fel Triphlwy. Ar ôl i ddyddiau a beic Twm Post ddod i ben, deuai'r post ar olwynion, yn dipyn cynt yn y bore a llai o lawer o ddal pen rheswm gyda phawb. Gan fod Twm yn adnabod deiliaid y tri thŷ, doedd adnabod y tri thŷ fel Cornelofan ddim yn broblem, ond nid oedd pethau mor syml i bostmyn dieithr y dre. Felly daeth ein tŷ ni, a enwid gynt yn Tŷ Mawr ac yn Cornelofan ar yr un pryd, yn Brynamlwg bellach; cymhlethdod? – nac oedd, gan fod pawb yn dal i'w alw'n Cornel! Nid yn aml y mae dyn yn byw mewn pedwar tŷ ac eto heb symud o'r fan. Ni all palas y frenhines ei hun gael cynifer o enwau. Byddai Charles y Bws – a fyddai yn ei dro yn helpu Jac y Bws pan fyddai hwnnw ar dripiau – yn cyfieithu'r lle i ambell Sais crwydrol fel 'Corner Affraid' gan obeithio y byddai'r Sais hwnnw'n mynd ar goll yng nghymhlethdod yr enwau!

177

Roedd y gymdeithas yn ganolbwynt i ryw ugain o dai a ffermydd a byddai'r rhan fwyaf o drigolion yr ardal yn mynychu'r siop yn eu tro. Yma hefyd y byddent yn dal y bws ac yn dadlwytho ar y stand laeth bob bore, fel y soniwyd eisoes. Soniais am Gapel Blaenpant, cangen o Gapel Tabor. Er mai cangen oedd y capel bach roedd yn barod i sefyll ar ei ben ei hun, fel plentyn wedi dysgu cerdded ac felly heb angen help llaw swyddogion a blaenoriaid Tabor. Roeddem ni yn hanner perchnogi'r capel bach gan mai ni a ddaliai'r allwedd, gan fod yn gyfrifol am ei agor a'i gau. Ni hefyd fyddai'n ei lanhau o bryd i'w gilydd a rhoi sgrwbiad dda iddo cyn y cyfarfod diolchgarwch blynyddol gan na fyddai'r gynulleidfa'n debygol o ddiolch am y dwst a'r cwyr côr a lechai mewn ambell gornel! Ni hefyd oedd yn weindio'r cloc ar brynhawn Sadwrn a rhoi ei fysedd ar yr awr a'r funud gywir, i guddio'i bechodau am ei ddiogi wythnosol trwy ei araf gerddediad. Byddem hefyd yn talu chweugain o arian rhent am yr hanner cyfer o gae y tu ôl i'r capel a chael y fraint o fwydo'r pregethwr unwaith y mis.

Wn i ddim beth ysgogodd y tadau i godi capel ar y fath safle? Roedd yn gwbl ddiarffordd, rhyw dri chwarter milltir o'r ffordd fawr, heb na thŷ na thwlc yn agos iddo. Heol gart i un o'r ffermydd oedd dechrau'r daith tuag ato o un cyfeiriad, ac yna llwybr troed rhwng cloddiau o ddrain a mieri hyd fwlch ffin fferm Trefaes.

O'r cyfeiriad arall roedd pethau'n waeth a'r ffordd fwyaf hwylus oedd trwy'r caeau. Roedd y canllath olaf o'r ddau gyfeiriad at y capel yn cael cysgod llwyni uchel o ddrain duon ac felly'n gysgodol iawn i wartheg ifanc Trefaes. Does dim angen dychmygu'r pwdel a'r llanast a wneid gan draed gyr o wartheg i rwystro'r saint ar Suliau yn y gaeaf. Ond fel y llwyddodd y pererin John Bunyan, roedd ffordd o waredigaeth trwy fynd i'r cae a disgyn dros y clawdd wrth gât y capel.

Roedd tu mewn y capel yn gwbl blaen: cyntedd bach y tu allan gyda drws dwbl i fynd i mewn i'r adeilad; llwybr o garped coconyt i lawr y canol rhwng y meinciau, gyda phulpud isel yn y pen draw. O flaen y pulpud roedd bwrdd ac yn nrôr hwnnw y cadwai ysgrifennydd yr Ysgol Sul y llyfrau cofnodion – llyfrau i gofnodi presenoldeb a'r adnodau a ddysgwyd yn newydd ar y cof yn ystod yr wythnos. Roedd yno chwe mainc ar hugain ac felly le i dri dosbarth ar ddeg. Cofiai rhai o'r hynafgwyr gyfnod pan oedd pob mainc yn llawn ond ym mlynyddoedd y 1930-40au, pum dosbarth yn unig oedd yno, o'r plant bach hyd at yr hynafgwyr.

Mae'n ddigon tebyg mai cael cynnig tir gan dirfeddiannwr lleol – a ddaeth yn ddiweddarach yn rhan o stad Locksdale, Castle Hill, Llanilar – oedd y rheswm dros godi'r capel yn y fath le anghysbell. Roedd traddodiad fod un o ysgolion Gruffydd Jones wedi ei sefydlu yn llofft storws Bwlch-y-rhandir, fferm gyfagos, ac efallai i hynny hefyd fod yn symbyliad i godi'r capel yn y man yma.

Yr unig dŷ agos at y capel oedd tyddyn o'r enw Pant-y-gors, er bod hwnnw'n adfail ers cyfnod y Rhyfel Byd Cyntaf. Roedd y tyddyn ar ei draed ac yn gartref i Thomas a Magdalen Davies hyd 1912 pan gladdwyd Magdalen yn un a phedwar ugain mlwydd oed ar y 4ydd o Orffennaf. Gweithiai Thomos fel labrwr ar fferm Trefaes a chofir amdano fel gweithiwr caled, hyd yn oed yn ei hen ddyddiau, yn cloddio ac yn agor cwteri ar bob tywydd. Gwaith y gaeaf oedd y gorchwylion hyn gan y byddai dyddiau sych yr haf yn ddyddiau cynhaeaf. Sach dros ei war yn unig a gadwai'r glaw i ffwrdd ac un arall fel ffedog o'i flaen. Prin y cadwai'r rhain y gwlybaniaeth o'r croen pan hyrddiai'r gwynt y glaw ar fanc Trefaes. Er hynny bu fyw i oedran teg.

Byddai hi Madlen, fel y'i gelwid, yn twtian o gwmpas y fuwch a'r llo a'r mochyn ac yn cario dŵr o'r ffynnon o waelod y cae, tri chanllath i ffwrdd. Ceir llun o'r ddau yn eu dillad dydd Sul o flaen y drws. Pur wahanol oedd y dillad hyn i'r rhai a wisgai Madlen o gwmpas y tyddyn: sgert o frethyn hir at ei phigyrnau o dan y ffedog fras, siôl fach dros ei hysgwyddau a chap gwas fferm ar ei phen. Gwisgai glocs pren am ei thraed, y tu mewn a'r tu allan, Sul, gŵyl a gwaith.

Mae'n debyg i ddwy nith Thomos a Madlen, a oedd hefyd yn ddwy chwaer, fynd i Fanceinion yn forynion i deuluoedd oedd â chysylltiad â chwmni J. D. Williams, y siop gwerthu drwy'r post, cwmni y daeth eu catalog i gymryd ei le wrth ochr y Beibl mewn aml i gartref yng Ngheredigion a Phen Llŷn. Ymhen rhai blynyddoedd, neu fisoedd efallai, priododd y ddwy chwaer gyda dau frawd, Algy a Ben, a oedd yn berthnasau agos i deulu'r siop ac yn flaenllaw yn y busnes. Bob haf byddai'r ddau deulu'n dod i'r ardal am wyliau ac i ymweld â theulu'r ddwy wraig. Galwent yn flynyddol yn ein tŷ ni er mwyn i'r gwragedd gael hanes yr ardal a chyfle i Algy a Ben fynd, bob blwyddyn, i dynnu llun adfeilion Pant-y-gors. Ein gorchwyl ni, fy mrawd a minnau, am hanner coron yr un, oedd cadw da bach busneslyd Trefaes yn ddigon pell i ffwrdd er mwyn i'r ddau ŵr bonheddig fedru tynnu lluniau o sawl cyfeiriad. Efallai bod tŷ, rywle yn ardal Manceinion, gyda degau o luniau o adfail Pant-y-gors ynddo hyd heddiw.

Un haf roedd un o'r ddau deulu yn uchel eu cloch yn eu llawenydd wrth ddangos llun y ferch a oedd wedi ennill cystadleuaeth *Beauty Queen Miss Wilmslow* ym Manceinion. Cafwyd gwybodaeth yr haf canlynol, ynghanol mwy fyth o lawenydd, iddi ddod i'r brig hefyd fel *Miss North of England* yn Blackpool. Tybed a wyddai hi, yn ei gwisg sidan laes a'i bicini, rywbeth am wisg hen ffasiwn ei hen fam-gu wrth odro'r fuwch a bwydo'r mochyn ym Mhant-y-gors?!

Mewn erthygl yn *Cylchgrawn Hanes Ceredigion*

mae Richard Phillips yn ysgrifennu am y pedwar Ifan a oedd yn athrawon yn Ysgol Sul Blaen-pant. Roedd Ifan Gors-fach yn cael problem fawr wrth ddod i mewn i'r capel gan mai dim ond hanner y drws dwbl fyddai ar agor, er mwyn cadw oerfel y gaeaf a gwres yr haf allan. Roedd yr Ifan hwn yn fawr o gorff ac yn gorfod dod i mewn lwr' ei ochr, ac yn cael gwaith gwthio'r bol heibio ymyl y drws. Cofid hefyd am yr un Ifan, yn ei dro, yn dechrau'r ysgol ac er y byddai wedi cael rhybudd y Sul cynt, eto i gyd araf y cymerai at y gwaith. Pan elwid arno gan yr arolygwr i ddechrau'r ysgol byddai'n taro'i ddwylo ar ei bocedi i chwilio'n ddyfal am ei sbectol, ac o'i chael byddai'n agor y cas yn bwyllog cyn tynnu'r macyn poced allan i'w glanhau. Wedi'r rhwbio a'r sgleinio roedd proses fawr o'i bachu am y clustiau a gwneud yn siŵr ei bod yn gorwedd yn esmwyth ar y trwyn. Chwilio wedyn am y Llyfr Emynau a throi'r tudalennau'n ofalus i ddod o hyd i emyn pwrpasol, gyda'r un ddefod yn dilyn i chwilio'r darlleniad yn y Beibl. Eisteddai pawb yn syfrdan dawel yn gwylio'r ddefod nes iddo bwyso'n drwm ar gefn y fainc a gwneud i honno wegian o dan y pwysau, wrth sefyll ar ei draed. Ar ei liniau yn y weddi byddai'r brawddegau'n dod yn araf gydag ysbaid hir rhyngddynt, fel pe bai'n meddwl am eiriau gogoneddus i blesio'r Brenin Mawr. Ef hefyd fyddai'r olaf i ddod o hyd i'r Deg Gorchymyn pan ddeuai tro ei ddosbarth i'w cydadrodd neu eu cyd-ddarllen ar ddiwedd yr ysgol.

Un arall o'r tri Ifan oedd fy nhad-cu, Ifan Jones Cornel. Ef oedd yng ngofal y bechgyn ifainc ac yn fawr ei barch gan lawer ohonynt. Ambell waith byddai'n dipyn o embaras i'r criw gan fod y dagrau'n agos iawn i'r wyneb pan fyddai unrhyw gyfeiriad at ddioddefaint Crist. Ar yr amserau hyn byddai'n rhoi ei ben i lawr mewn dagrau dwys. Nid felly ei wraig Leisa, fy mam-gu. Os gwelai hi unrhyw blentyn yn camfihafio mewn unrhyw ddosbarth (roedd llygaid eryr ganddi at bethau fel hyn), byddai'n codi o ddosbarth y gwragedd ac yn mynd at y drwgweithredwr a'i binsio'n fileinig, heb ymddiheuriad o gwbl i athro'r dosbarth. Un i'w hofni a chadw ymhell oddi wrthi oedd Leisa Cornel!

Er bod fy nhad-cu wedi mynd yn rhy fusgrell i fynychu'r Ysgol Sul yn fy nghyfnod i, gwyddwn o brofiad am lif y dagrau. Roedd yn orweddog yn y parlwr y blynyddoedd olaf o'i oes ac wedi colli'i olwg. Byddai'n rhaid i ni i gyd fel teulu fynd yn ein tro i ddarllen y Beibl iddo unwaith yr wythnos ac yn bendant ar y Sul. Pan ddeuai fy nhro i byddwn yn dechrau gydag un o'r salmau byrraf ac yna trown at hanes Joseff yn yr Aifft. Wedi rhai adnodau o'r hanes hwn byddai'r dagrau'n dechrau syrthio a chyn hir byddai'n dweud 'Gad hi nawr'. Sylweddolais yn ifanc fod sawl ffordd i ladd ci heblaw ei grogi! Mae'n siŵr mai fel hyn y dysgais ddarllen, a chyda chymorth yr a-bi-ec yn nosbarth plant bach Capel Blaen-pant. Dywed rhai fy mod yn ddarllenwr cynnar ac wedi cael llawer bonclust am ddarllen pethau na ddylwn! Tybed ai dyna'r rheswm pam y cefais fy symud o rŵm fach yr ysgol i'r rŵm fawr yn gynt na phryd?

Er llawer anhawster deuai'r saint ynghyd bob prynhawn Sul dros ffordd a llwybr, dros fanc a chors, yn brydlon erbyn dau o'r gloch. Roedd un neu ddau yn flaenoriaid yn Nhabor ac un neu ddau arall yn wardeniaid eglwys, mewn dau bentref gwahanol. Cynulleidfa gymysg o ran enwadaeth oedd hon, yn barod i dderbyn ac i ddeall yr Ysgrythur neu i dderbyn hoe gysglyd cyn ailddechrau gwaith yr wythnos. Tri Sul o Ysgol Sul oedd y drefn gyda phregethwr yn dod draw o Dabor i bregethu ar y pedwerydd Sul. Cerddai rhai o'r pregethwyr y ddwy filltir o Dabor, tra byddai eraill yn cael eu cario mewn car neu drap a phoni. Câi eraill fenthyg poni i'w marchogaeth ond byddai'n rhaid iddynt i gyd gerdded y rhan olaf o'r daith a cheisio osgoi'r drysni a'r pwdel. Dim ond un o'r rhain a gwynodd erioed.

Roedd yn Sul gwlyb iawn ym mis Tachwedd a'r pregethwr lleyg o'r dref wedi gobeithio y byddem yn gohirio'r oedfa; er na fu ym Mlaen-pant o'r blaen roedd wedi clywed am y rhwystrau. Ni fu gohiriad ac eisteddai pawb, y gwragedd ar y chwith a'r dynion ar y dde, yn gwrando ar y gwynt yn cwynfan a'r glaw yn dyrnu'r ffenestri, gan ddisgwyl yn dawel am y gennad. Yn sydyn dyma'r drws yn agor gyda nerth un o'r cewri, nid oherwydd nerth y pregethwr bach a safai yn yr agoriad ond oherwydd i'r gwynt chwythu'r drws o'i afael. Chwythai'r gwynt dudalennau'r llyfrau emynau ar y seddau i fflapian fel dewin yn chwarae'i gardiau, tra diferai'r pregethwr ar yr hiniog. Yn ei laid a'i lanast daliodd ei ymbarél yn uchel o'i flaen a hwnnw'n diferu i lawr ei lawes. Meddai'n flin a chas, 'Dyma beth yw lle anial.' Ar ddiwedd yr oedfa, na pharodd yn hir, aeth un o'r gynulleidfa ato a dweud, 'Mr Edwards, nid lle anial yw hwn ond tŷ i Dduw a fyddwn ni ddim angen eich gwasanaeth byth eto.'

Ond nid troeon anffodus yn unig a gaed. Yn ystod un gwasanaeth diolchgarwch yn y prynhawn roedd rhai wedi sylwi bron ar ddechrau'r cwrdd – y rhai hynny oedd â mwy o ddiddordeb mewn edrych o gwmpas nag addoli – fod yna ŵr die'rth wedi dod i mewn drwy gât y capel. Bu'r rhain yn hir ddisgwyl ond ni ddaeth y dieithryn i mewn. Ar ddiwedd y cwrdd (sylwer mai cwrdd a ddywedid yn hytrach nag oedfa) sylwyd fod y dyn die'rth yn aros yn y cyntedd ac yn gofyn yn Saesneg am ryw ffermwr oedd yn y cwrdd. Fe'i cyfeiriwyd at y dyn a chlywodd y rhai mwyaf meinglust ef yn dweud ei fod wedi bod yn y fferm a chael ar ddeall fod y sawl y chwiliai amdano yn y capel. Aeth y dieithryn a'r ffermwr i'r naill ochr i siarad yn dawel. Meddyliodd y rhan fwyaf a safai gerllaw, wrth eu gweld yn sibrwd mor dawel, fod rhywbeth gwaeth na'r cyffredin wedi digwydd. Roedd mab ieuengaf y ffermwr yn y fyddin ac yn brwydro yn yr Aifft a daethpwyd i'r casgliad fod rhywbeth wedi digwydd iddo ac mai dwyn y newydd drwg oedd neges y dyn dieithr. Roedd yr addolwyr erbyn hyn wedi ymgasglu at ei gilydd ac yn barod i gynnal dwylo'r hen ŵr yn ei brofedigaeth. Wedi cyflwyno amlen iddo aeth y dieithryn ymaith ar ei daith. Er i'r gynulleidfa geisio meithrin cysur a chyflwyno rhyw fath o gydymdeimlad, cawsant ar ddeall nad oedd angen hynny. Dyn tawel a di-ddweud oedd William ond cafwyd ar ddeall ymhen rhai dyddiau mai siec oedd yn yr amlen, siec o ddau gant a hanner o bunnoedd, sef y wobr gyntaf am farnu gwartheg yn y *Farmers' and Stock Breeder*, swm enfawr y dyddiau hynny ac nid oedd dieithryn y papur am roi'r siec yn nwylo neb ond yr enillydd, ar ôl yr hir aros yng nghwrt y capel.

Gan fod Capel Tabor, ar ôl ymddeoliad y Parchedig John Edwards, yn ddifugail am gyfnod, ceid amrywiol weinidogion a phregethwyr i lanw'r Suliau. Byddai ambell un yn dod yn gyson ac un o'r rheiny oedd cyn-weinidog a oedd wedi ymddeol neu, yn ôl y stori, wedi gorfod ymddeol o un o gapeli'r de oherwydd rhyw anghydfod a gododd yno. Roedd ei wraig wedi cael ei dewis yn brifathrawes un o ysgolion bach y sir ac aethant i fyw i dŷ'r ysgol yn yr ardal honno. Dyn main, tal, llwyd yr olwg ydoedd a châi ei gydnabod fel un a fynnai gael ei ffordd ei hun. Er enghraifft, roedd wedi ceisio'r prawf gyrru car droeon ond wedi methu bob tro, gan y tybiai ei fod yn gwybod mwy na'r arholwr. Oherwydd hyn, ei wraig oedd yn ei yrru i'w gyhoeddiad fore Sul a'i gasglu ar ôl y cwrdd nos, gan ei adael i bererindota weddill y dydd.

Medrai bregethu'n ddigon cymeradwy ar brydiau, os byddai wedi paratoi, ond y diffyg paratoi hwnnw oedd y gwendid mwyaf amlwg yn ei bregethu, oherwydd treuliai fwy o'i amser ar y cwrt bowlio nag yn y stydi. Pregethodd ei bregeth gyntaf ym Mlaenpant ar 'Boas a genhedlodd Obed o Ruth' gan ddilyn yn gelfydd yr achau o faes y lloffa hyd Fethlehem.

Yr ail dro y daeth doedd pethau ddim cystal. A dweud y gwir, llanw amser oedd ei brif amcan. Eisteddai un o flaenoriaid Tabor yn y sedd flaen, gŵr tawel heb nemor air cyhoeddus wedi dod dros ei wefusau erioed. Pan âi ar ei weddi wrth ddechrau'r ysgol byddai'n mwmblan y weddi wrtho'i hunan a neb yn clywed na deall gair ohoni. Y Sul hwn eisteddai'n dawel fel arfer gyda'i fysedd ynghlwm. Wrth wrando byddai bob amser yn troi ei fysedd bawd dros ei gilydd mewn cylch. Sylwodd rhai ei fod wedi ei gynhyrfu fel yr âi'r bregeth, neu'r llanw bwlch, yn ei blaen – neu fel y peidiai fynd yn ei blaen – a chylchdroai ei fysedd bawd dros ei gilydd ymlaen ac yn ôl yn ei gynnwrf. O'r diwedd safodd ar ei draed gan ddweud, 'Os na fedrwch chi bregethu'r Efengyl, dowch lawr.'

Roedd y cyfan mor sydyn fel na wyddai neb beth i'w wneud. Am gryn amser roedd popeth yn berffaith dawel nes i rai o'r bechgyn ifanc yn y cefn ddechrau pwffian chwerthin. Cododd un neu ddau a mynd allan; bu hyn yn rhyddhad ac fe'i dilynwyd gan y gynulleidfa. Nid arhosodd neb i sgwrsio y tu allan y Sul hwnnw, fel yr oedd yn arferiad; trodd pawb tuag adref.

Ymhen rhai misoedd pregethai'r un gŵr yn Nhabor eto ac eisteddai'r blaenor dan sylw yng nghornel y sedd fawr, yn ôl ei arfer. Yn ei bregeth aeth y pregethwr ymlaen i sôn am y Pab oedd newydd farw ac fel yr oedd trefniant ei angladd yn ei osod yn syth yn y Nefoedd. Yn sydyn edrychodd ar y blaenor a'i heriodd ym Mlaen-pant ac meddai, 'Rydych chi, frawd, yn gobeithio cael mynd i'r Nefoedd.' Tawelodd am funud a chan chwifio ei freichiau i fyny meddai, 'Pwff.' Roedd y weithred yn annealladwy i addolwyr Tabor y bore Sul hwnnw gan na wyddent ddim oll am darddiad y digwyddiad.

Gan nad oedd offeryn cerdd yn y capel byddai codi canu'n broblem ar adegau, yn enwedig os na fyddai'r codwr canu yn yr ysgol neu'r cwrdd, ond anaml iawn fyddai hynny gan na fu neb ffyddlonach, gan gerdded dros bant a bryn ar law a hindda. Ar ddiwedd yr Ysgol Sul un prynhawn cyhoeddodd y codwr canu na fyddai'n bresennol y Sul canlynol ac felly byddai'n rhaid gwneud rhyw drefniant ynglŷn â'r canu. Ar hyn dyma un neu ddau o ddosbarth y bechgyn ifainc yn dweud y byddai Tom Evans, un o aelodau'r dosbarth, yn barod i godi'r canu. Rhyw hanner tynnu coes oedd y cynnig ond gan na ddaeth unrhyw wrthwynebiad oddi wrth y darpar godwr canu, na neb arall, derbyniwyd y cynnig. I fod yn deg, roedd Tom yn denor ardderchog ac yn aelod o Gôr Meibion Glannau'r Wyre; medrai ganu cystal â'r gore ond nid oedd mor siŵr o'i gerddediad cerddorol pan oedd ar ei ben ei hun ac wrth gwrs, heb gael profiad o godi canu o'r blaen.

Byddai Tom yn cyrraedd ein tŷ ni tua chwarter i ddau o'r gloch bob Sul ac yn cerdded i'r capel gyda 'Nhad erbyn dau o'r gloch. Y Sul-codi-canu dan sylw roedd yno erbyn hanner awr wedi un gyda Llyfr Tonau newydd o dan ei gesail; Cati ei chwaer oedd wedi ei brynu yn siop Jac Edwards yn arbennig ar gyfer yr achlysur. Ar y ffordd i'r capel esboniodd 'Nhad, un drwg am dynnu coes a chwarae triciau, mai ef oedd i ddechrau'r ysgol ac, i fod yn deg â'r prentis godwr canu, byddai'n rhoi'r emyn 'O gariad, O gariad, anfeidrol ei faint' allan i ganu. (Yn yr hen lyfr, y dôn 'Johana' a genid ond wn i ddim pa dôn a genir yn y llyfr newydd gan fod y cyfan bellach yn hwnnw yn gymysgedd ryfedd!) Aeth Tom yn syth i'r Llyfr Tonau a dechrau hymian mewn rhythm gyda phob cam a gerddai. Ar ôl ychydig o'r grwndi dyma 'Nhad yn gofyn, 'Sut mae'n mynd, Tom?' Byddai Tom, pan fyddai o dan straen, yn llyncu'i boer bob rhyw ddau air. Daeth yr ateb, 'Sa di'm bach [llyncu poer], Ianto.' Ymlaen â'r hymian eto am ryw hanner canllath nes y gofynnwyd eto, 'Sut mae'n mynd, Tom?' Yr un oedd yr ateb ond braidd yn ofidus y tro hwn, 'Sa'm [llyncu poer] bach [llyncu poer], Ianto.' Erbyn cyrraedd gât y capel roedd yr hymian wedi hen dawelu a chan ei bod bellach yn greisis, dyma ofyn yn ddigon byr a swta, a chan bwysleisio pob gair, 'Wel, Tom, sut mae'n mynd?' Roedd yr ateb yn adlewyrchu'r sefyllfa: 'Wel, Ianto [llyncu poer, llyncu poer], ddaw hi ddim [llyncu poer]!' Roedd hyn yn arwydd pendant fod angen symleiddio pethau ac ailddewis yr anthem fawr.

Gwelw a disgwylgar oedd wyneb Tom pan alwodd yr arolygwr ar 'Nhad i ddechrau'r ysgol. Agorodd hwnnw ei lyfr emynau'n ofalus a chymryd hydoedd i droi'r tudalennau a synfyfyrio arnynt. Roedd Tom i'w weld yn magu ychydig hyder wrth weld y tudalennau'n cael eu troi gan dybio y byddai'r dewis gwreiddiol wedi ei newid ac wrth ei fodd, ac o fewn ei allu cerddorol. Wedi hir betruso safodd yr agorwr ar ei draed a chyhoeddi, 'Fe ddechreuwn trwy gael ein harwain i ganu gan Tom Evans, a diolch iddo am fod mor barod ei gymorth, trwy ganu emyn rhif dau gant pedwar deg, "O gariad, O gariad anfeidrol ei faint".' Roedd Tom ar ei draed yn llyncu poer ac yn gweiddi, 'Damo di, Ianto [llyncu poer], on' wedes i [llyncu poer] na ddaw hi ddim!' Aeth y canu ymlaen yn ddigon hwylus gan fod y rhan fwyaf o aelodau'r ysgol yn hen gyfarwydd â'r dôn.

Nid dyna'r unig dro i'r canu achosi problem. Roedd yn Sul y bregeth ac arhosai dau neu dri o'r dynion ar ben y ffordd fawr i arwain y pregethwr ar hyd y ddyrys daith, gan mai hwn oedd y tro cyntaf iddo ddod i'r capel. Pregethwr cynorthwyol a ddisgwylid, teiliwr wrth ei alwedigaeth o ardal Llangeitho. Roedd wedi pregethu droeon yn Nhabor ond hwn oedd ei gyhoeddiad cyntaf ym Mlaen-pant. Roedd yn brynhawn braf a chodai pwff o lwch o'r llaid sych ar y ffordd bob tro y rhoddid troed ar y ddaear. Dim ond dau begwn eithafol o ran tywydd oedd yn effeithio ar y ffordd i Flaen-pant – llaid neu lwch. Unwaith eto, a rhyfedd o anaml, cafwyd gwybod na fyddai'r codwr canu na'i deulu yn y cwrdd. Er mwyn i bethau beidio â mynd i'r wal a tharfu ar yr oedfa, cynghorwyd y pregethwr, yn y sefyllfa, i hepgor y canu am y tro. Ni chafwyd bŵ na bê o enau'r pregethwr a derbyniwyd felly ei fod yn deall y sefyllfa. Ar ôl y tawelwch parchus o gyfeiriad y ddwy res o feinciau, safodd y pregethwr bach yn dalog yn y pulpud ac ymestyn am y Llyfr Emynau. Ar brydiau byddai'n arferiad i gyd-ddarllen ambell emyn yn hytrach na'u canu, yn enwedig pan fyddai'r lleisiau o dan annwyd. Tybid felly mai dyna fyddai'r drefn y tro hwn ar ôl y rhybudd am y diffyg fyddai yn y canu. Gwnïodd y teiliwr ei ffordd i ganol y llyfr a chyhoeddodd yr un mor dalog ag y safai, 'Fe ganwn ni emyn rhif chwe chant pedwar deg ac un, "Gwna fi fel pren planedig, o fy Nuw".' Byddai canu hwn, heb gymorth offeryn, yn ddigon o gamp i'r cantor mwyaf profiadol, heb sôn am griw heb fawr o grap ar y nodau. Clywyd yr un a gynghorodd y pregethwr ynglŷn â'r canu yn dweud dan ei anadl, ond yn ddigon uchel i bawb nad oedd yn drwm eu clyw ei glywed, 'Canwch hi'ch hunan i gythrel!' ac felly y bu! Canwyd yr emyn gan y pregethwr, gyda phrin help oddi wrth rai o'r gynulleidfa. Y tebyg yw y teimlai ei fod wedi ei sarhau gan yr un a'i cynghorodd ynglŷn â'r canu, er na wyddai hwnnw fod y pregethwr bach yn godwr canu yn ei gapel ei hun.

* * *

Soniais mai gyda ni y byddai'r pregethwyr yn cael eu te ac ar ôl te aent yn ôl i Dabor erbyn cwrdd y nos. Ni fyddai fawr neb yn galw yn y siop ar ddydd Sul a gwyddai'r ychydig hynny mai gwell fyddai cadw draw ar brynhawniau Sul y bregeth rhag tarfu ar de'r pregethwr ac efallai o barch iddynt eu hunain trwy beidio dangos i'r gŵr hwnnw eu bod yn bechaduriaid yn torri'r Sul.

Cofiaf un Sul gwlyb ym mis Ionawr a'r pregethwr y

Sul hwnnw yn llwyd ei wedd a thenau o gnawd, yn ei got fawr a honno wedi ei botymu hyd at ei ên. Eisteddai ar ben tanllwyth o dân yn ein tŷ ni ar ôl yr oedfa ac er ei wahodd fwy nag unwaith i dynnu'r got ni fynnai wneud hynny. Fel hynny hefyd y daeth at y bwrdd te ac felly y bu am weddill y prynhawn. Y Parchedig W. D. P. Davies oedd y pregethwr, neu'r 'Pechadur Davies' yn ei eiriau ef ei hun. Roedd yn ddyn arbennig o alluog, cynnyrch un o golegau mwyaf blaenllaw Lloegr a chyn-Ddirprwy Brifathro Coleg Diwinyddol Aberystwyth. Roedd darogan iddo ddyfodol disglair yn y Cyfundeb ac yn sicr byddai wedi cael ei benodi maes o law yn brifathro'r coleg. Ond, fel llawer o feibion dynion, daeth cwymp a pho uchaf y dringir, mwyaf y gwymp – a chwymp hwn a fu fawr. Aeth i fyw fel tlotyn, yn 'dlawd a digysur ei fyd' gan grafu ambell geiniog i fyw ac yn wrthodedig gan y rhan fwyaf o gapeli.

Roedd rhyw gysylltiad teuluol yn bod rhyngom ni ac ef gan fod fy nhad-cu a'i dad-cu yntau wedi eu magu gyda'i gilydd yn ardal Pennant a Llan-non ac wedi cyd-wasanaethu ar fferm Morfa Mawr. Ar ôl trafod ychydig am y cysylltiad daeth yn fwy agored ei sgwrs. Deallwyd, wrth ddarllen rhwng y llinellau, mai problem y got fawr oedd diffyg dillad oddi tani ac roedd cau pob botwm yn cuddio'r noethni. Roedd tywydd tywyll, oer y gaeaf yn dreth arno, meddai, a chan fod arian yn brin, byddai'n mynd i'w wely'n gynnar yn y prynhawn i gadw'n gynnes ac i arbed ychydig o arian y gwres a'r golau. Yno y byddai'n treulio'r amser yn ysgrifennu, i grafu ambell geiniog hwnt ac yma.

Wedi cynnig iddo, yn sgil yr hen gysylltiad ac efallai o drueni, dywedodd y byddai'n ddigon parod i dderbyn cwlffyn o'r cig moch a grogai uwch ei ben amser te, i fynd adref gydag ef ar y bore Llun. Roeddem ni'r plant yn fwy na balch o'i roi iddo gan mai rhan o ystlys hen hwch oedd yr anrheg – hwnnw'n dalp o gig gwyn gydag un llinell debyg i linell bensil o gig coch yn y canol. Doedd dim angen ymddiheuro iddo am ansawdd y cig; roedd wrth ei fodd yn ei dderbyn.

Trefnwyd iddo ddod gyda bws deg o'r gloch fore Llun o'r tŷ capel a disgyn i gael cinio gyda ni, cyn mynd ar ei daith gyda bws un o'r gloch tuag adre i'r de. Cyrhaeddodd fore Llun a thorrwyd cwlffyn anferth iddo o'r cig mochyn a chasglwyd rhyw ddeg i ddwsin o wyau i'w rhoi iddo hefyd. Ni fu neb mwy diolchgar erioed na'r gŵr syrthiedig hwnnw.

Tua diwedd yr wythnos daeth Twm Post ar ei drafael swniog fel arfer, gan ddatgan fod ganddo barsel inni. Yn aml ni fyddai angen agor y llythyron a geid o law Twm gan y byddai'n cyhoeddi eu cynnwys cyn eu cyflwyno – bil treth, siec laeth, papur dipio defaid ac yn y blaen. Pe byddai cerdyn post, rhywbeth digon cyffredin bryd hynny am fod y stamp yn rhatach, byddai'r cyfan ar ei gof. Os mai amlen blaen answyddogol fyddai'n dod yn ei thro, byddai wedi sylwi'n fanwl ar y marc post cyn cyhoeddi eto, 'Rhywbeth o'r sowth i chi, mwy na thebyg oddi wrth Ifan Defi' neu 'Siwr mai llythyr oddi wrth Jane yn Llundain yw hwn' ac fe fyddai'n iawn bron bob tro. Gwyddai am y teulu a ble'r oeddent bellach yn byw, ar ôl hen gynefino â'u hanes ar ôl blynyddoedd o gario'r post a busnesa. Ond roedd y parsel hwn, er lleied ei faint, yn ddirgelwch llwyr iddo a bron iawn na fynnai gael ei agor ei hun o flaen ein llygaid! Wedi i'r beic gario Twm tuag at ei gynulleidfa nesaf, agorwyd y parsel a chael mai un o Lyfrau'r Dryw oedd y cynnwys, a'r awdur yn neb llai na derbynnydd y cig moch a'r wyau. Roedd teitl y llyfr yn gweddu'n berffaith i'r digwyddiad, sef *Y Diafol i Dalu*. Ar y tudalen fewnol roedd yr ysgrifen hon mewn creon gwyrdd, a oedd yn amlwg yn rhatach na phensil nac inc: 'I deulu caredig Brynamlwg am oleuo i'r awdur Sul trymaidd yn Ionawr 1952, a bwrw pelydryn ar rawd ei bererindod llesg a llaith. The Elms, West Rd., Castell Nedd.' Tebyg fod y geiriau olaf yn arwyddocaol o gwymp llawer o'r cedyrn ac yn rhan o'i gwymp yntau.

Roedd y cyn-athro Levi wedi bod yn bennaeth Adran y Gyfraith yng Ngholeg Prifysgol Cymru, Aberystwyth, ac yn fab i'r enwog Barchedig Thomas Levi, gweinidog y Tabernacl, Aberystwyth, a sefydlydd a golygydd *Trysorfa'r Plant.* Hen lanc oedd e, yn arddel yr un enw â'r tad, yn ŵr eithriadol o alluog fel y gweddai i'w swydd ac yn bregethwr cynorthwyol derbyniol ar y Suliau. Gwisgai'n drwsiadus bob amser mewn siwt ddu o'r defnydd gorau gyda ffon pen arian yn ei law pan gerddai strydoedd y dref. Gan ei fod dipyn yn drwm ei glyw gwisgai ryw fath o *headband* ar ei ben i ddal yr offer clywed oedd dros un glust.

Pregethai'n gyson yn Nhabor ac fel y digwyddai'n aml, byddai ei Suliau yn syrthio ar Sul pregeth Blaenpant. Er ei fod yn ŵr bonheddig o anian ac o wisg, ni chwynodd erioed am y ddyrys daith i'r capel bach. Arhosai, fel eraill, gyda ni i de ac edrychai ymlaen bob amser at y wledd, yn enwedig os câi darten riwbob neu 'fale i goroni'r bara menyn cartref. Byddai bob amser yn dod â hen rifynnau o *Boys' Own* yn ei boced: '*Something for the little boys to read.*' Gyrrid ef o gwmpas gan un a elwid yn Davies y Cinema ac os byddai'r Athro wedi cael gormod o de, yn enwedig y darten, byddai'n hysbysu Davies y byddai'n rhaid iddo ddechrau'r cwrdd yn ei le. Roedd yn amlwg ei fod wedi cael ei hudo gan rai o emynwyr mawr Cymru oherwydd byddai'n sôn yn aml am '*Waiting for the morning star*' ar fedd Pantycelyn; Morgan Rhys a'i 'Dyma geidwad i'r colledig' a bron mewn dagrau wrth sôn am 'yr annwyl fendigaid Ann.'

Aeth y ffaith ei fod yn hoff o darten â mi i drwbl

mawr un prynhawn Sul. Roeddwn i wedi gwneud rhyw esgus digon gwamal pam na fedrwn fynd i'r cwrdd a chan i bawb fy nghredu, am y tro, cefais aros gartref. Ond roedd un dasg i mi ei gwneud. Ar ryw amser arbennig byddai'n rhaid imi dynnu dwy darten o'r ffwrn a chefais siars i beidio troi at lyfr rhag ofn i mi anghofio gwaith y pobydd.

Daeth yr awr i wneud y dasg ond gan mai ffwrn baraffîn hen ffasiwn oedd gennym, cyn oes y trydan, roeddwn yn llosgi cefn fy nwylo wrth ymwthio i mewn i afael yn y platiau i'w tynnu allan ac nid oedd y lliain a oedd gennyf o fawr werth i arbed y llosg. Felly cefais syniad. Gan mai plât enamel gwyn oedd o dan un darten, medrwn ei thynnu allan gyda phinsiwrn, heb liain a heb losgi. Ni fyddai'r pinsiwrn yn gwneud fawr o lanast dim ond briwio ychydig ar y crwstyn. Roedd pethau'n mynd yn hwylus nes i mi estyn y plât i'r bwrdd. Gan fod y plât enamel braidd yn llithrig a minnau'n ofni gwasgu gormod, fe drodd y plât yn sydyn gan luchio'r darten yn un saig, fel dom da, i'r llawr! Ond doedd hi ddim yn ddiwedd y byd gan fod un darten arall ar ôl yn y ffwrn a byddai honno, yn sicr, yn ddigon hyd yn oed i chwant y Levi. Doedd dim llithro i fod y tro nesaf; mi ddefnyddiwn binsiwrn a gefail, un bob ochr i'r plât er mwyn dwyn y darten olaf yn ddiogel i'r bwrdd. Pa ots os oedd ychydig nam ar y crwstyn mewn dau le! Roedd y cynnwys y tro hwn ar blât pridd a hwnnw wedi bod yn uffern y ffwrn am genedlaethau, yn gymaint felly fel bod mân graciau arwynebol arno, fel croen hen wrach. Roedd y daith o'r ffwrn i'r bwrdd yn mynd yn ddigon hwylus y tro yma eto ond o gofio beth ddigwyddodd y tro cynt, roeddwn yn dal yr offer fel gof, gyda gafael o ddur. Efallai yn ormod felly, oherwydd holltodd y plât drwy ei hanner a llithrodd y darten trwy fwlch y ddau hanner i'r llawr fel y gyntaf. Ni chafodd y gŵr bonheddig ei darten i de na finnau weld rhyw lawer o olau dydd y prynhawn hwnnw. Esboniwyd i'r pregethwr y diffyg yn y wledd a chwarae teg iddo bu'n faddeugar a chafodd berswâd ar fy mam i beidio â'm gor-gosbi.

Un prynhawn Sul yn ystod y te soniodd yr Athro Levi y dylai'r capel bach fynd ati i godi arian i gael harmoniwm i gynorthwyo gyda'r canu. Aeth ymhellach trwy addo y byddai ef yn barod i draddodi darlith flynyddol i gynorthwyo gyda'r codi arian. Roedd mynd mawr ar ddarlithoedd bryd hynny a'r Athro'n ddarlithydd hwyliog wrth sôn am broblemau doniol a throeon trwstan byd y gyfraith. Bu'r cyfan yn llwyddiant, yn gymaint felly fel yr aed ymlaen i drefnu amrywiol weithgareddau i godi mwy o arian. Roedd nenfwd y capel wedi mynd ar ei waeth ac roedd trydan erbyn hyn wedi dod i'r fro ac i'r capel, a'r cyfan yn golygu cost. Gan fod y gangen bellach yn abl i sefyll ar ei thraed ei hun, bodlonwyd i beidio begian na chardota oddi wrth y fam eglwys yn Nhabor.

Trefnwyd eisteddfod, y ddwy gyntaf i'w cynnal yn y capel bach ond buan yr aeth yr adeilad yn rhy fach ac o hynny ymlaen fe'i cynhelid yn flynyddol yng Nghapel Tabor. Roedd trefnu'r eisteddfod yn rhywbeth y dylai pob pwyllgor eisteddfod ei ddilyn, hyd yn oed y Genedlaethol! Cyhoeddid yn yr Ysgol Sul y byddai pwyllgor yr eisteddfod yn cyfarfod ar noson arbennig yn ein tŷ ni. Aelodau'r pwyllgor oedd y codwr canu, fy nhad yng ngofal yr adrodd a'r llenyddiaeth, ac ysgrifennydd – tri yn unig. Rhaid fyddai yn gyntaf ddyddio'r eisteddfod yn yr wythnos pan fyddai'r lleuad yn llawn; roedd hyn yn bwysig iawn pan gynhelid yr eisteddfod yn y capel bach oherwydd y ddyrys ffordd. Gobeithid hefyd y byddai'n dywydd rhew i sychu'r pwdel. Yna cyflwynai'r codwr canu raglen y cystadlaethau canu i'r ysgrifennydd ynghyd ag enw'r beirniad; byddai'r rhain wedi eu paratoi ganddo ymlaen llaw, a'r un peth gyda'r adroddiadau a'r llenyddiaeth. Dyna'r pwyllgor ar ben gan adael y cyfan bellach yn nwylo'r ysgrifennydd a'i rybuddio i gysylltu gyda'r ddau arall pe byddai problem yn codi. Y broblem fwyaf, pan gynhelid yr eisteddfod yn y capel bach, oedd y piano. Câi piano ei hurio gan gwmni o'r dref a byddent yn dod ag ef i ben y ffordd i gwrdd â'r ceffyl a'r gambo, a'r hanner dwsin o fechgyn ifainc a fyddai'n ei gludo i'r capel. Bu'r eisteddfod yn llwyddiant am flynyddoedd ond daeth i ben gyda dirywiad yr eisteddfodau'n gyffredinol.

Am rai blynyddoedd cynhelid cyngerdd mawreddog, yn cynnwys unigolion a phartïon. Un flwyddyn gwahoddwyd Meibion Menlli a bu mynd mawr a chyflym ar y tocynnau. Fodd bynnag, ar ddechrau wythnos y cyngerdd daeth neges fod dros hanner y parti yn y ffliw ac y byddai'n amhosibl cadw at y trefniant. Roedd hyn yn creu problem fawr, yn enwedig gan fod y tocynnau i gyd wedi eu gwerthu ac aeth y broblem yn fwy fyth pan geisiwyd cael eraill i lanw'r bwlch, ond heb fawr lwyddiant. Cafodd rhywun y syniad o gysylltu gyda'r brifysgol i weld a fyddai'n bosibl i Barti Madrigal Charles Clements ddod atom. Chwarae teg iddynt, ar fyr rybudd, roeddent yn fodlon dod i achub croen y pwyllgor.

Roedd canu'r parti hwnnw'n grefftus iawn ac roeddent yn hynod drwsiadus yn eu gwisg – y bechgyn mewn du a gwyn a thei bô, a'r merched ifanc mewn gwisgoedd ysgwyddau noeth – ond heb fod yn feirniadol doedd y wisg na'r canu yn apelio'n fawr at gynulleidfa amaethyddol, werinol cefn gwlad. Er i'r gynulleidfa fod yn ddigon parchus eu croeso a'u diolch, eto i gyd roedd yna deimlad nad oedd pawb wedi eu llwyr fodloni. Doedd canu'r 'ffa la la la la' ddim yn bodloni llond capel oedd yn gyfarwydd â'r 'Dymestl' neu 'Arafa Don' ac nid oedd y bowio parhaus, yn aml bron hyd y llawr, ar ôl pob eitem unigol, yn ychwanegu rhyw lawer at y mwynhad.

Fy nhad oedd i dalu'r diolchiadau ar y diwedd a chan fod y parti'n llanw'r sêt fawr bu'n rhaid iddo fynd i fyny i'r pulpud. Fel y gwyddai pawb, roedd e'n un drwg am dynnu coes, fel y gwnaeth gyda Tom druan wrth godi'r canu. Ar ôl y frawddeg gyntaf o ddiolch dyma ddechrau bowio i dri chyfeiriad. Darllenodd y gynulleidfa'r sefyllfa ar unwaith a chlapiwyd yn frwd. Brawddeg arall o ddiolch ac yna bowio eto a'r gynulleidfa bellach wrth ei bodd; bu'n glapio a bowio, bowio a chlapio am gryn chwarter awr a chwarae teg i'r parti, fe welsant hwythau ddigrifwch y sefyllfa ac ymuno yn yr hwyl. Wedi'r cyfan bu'n noson eithaf llewyrchus.

Bryd hynny roedd tripiau Ysgol Sul yn gyffredin iawn a threfnid trip blynyddol Blaen-pant ddechrau mis Mehefin, cyn y cyn'ia gwair. Y cwestiwn bob tro gan yr ifanc oedd 'Oes *amusements* yno' ac os nad oedd, yna byddai'n siom. Un o'r tripiau salaf a gafwyd oedd hwnnw i Aberteifi; go brin i unrhyw Ysgol Sul arall gynnig y fath le am drip. Cafwyd trip i Henffordd, yn bennaf am fod y ffermwyr angen gweld dros y cloddiau beth a sut yr amaethid y ffordd honno, beth oedd y cnydau, ac a oedd y tymhorau'n gynt y ffordd hynny. Doedd yno ddim *amusements* ond roedd yno rywbeth arall a fedrai, o ddiffyg profiad, fod yn eithriadol o beryglus. Roedd un gwas ffarm, a oedd wedi dod i'r ardal yn ddiweddar, wedi bod yn y dref ac wedi cael profiad digon brawychus yn un o'r siopau, gan mai *escalators* oedd i fynd i fyny i'r llofft yn hytrach na stâr. Yn ôl ei brofiad e roedd y pethau hyn yn medru bod yn eithriadol beryglus, yn enwedig wrth fynd arnynt ac wrth ddisgyn. Rhaid fyddai bod yn ofalus a chael tipyn o ymarfer ymlaen llaw cyn y trip. Gan ei fod yn ŵr o brofiad, cafodd ei ddewis yn athro ar yr esgyn a'r disgyn ar ysgol Jacob. Gan nad oedd unrhyw beth tebyg i risiau symud yng nghylch Cornelofan, rhaid fyddai ymarfer ar y pedair stepen oedd yn mynd i fyny i'r stand laeth. Rai nosweithiau cyn y trip cyfarfu nifer o'r plant hŷn a rhai o'r bobl ifanc wrth y stand laeth. Ffurfiwyd cylch o gwmpas y stepiau a siarsiwyd pawb i ganolbwyntio ar eiriau athro'r *escalator* wrth iddo fynd drwy ei berfformans. Pwysleisiodd ofalu rhoi'r droed i gyd ar ganol y stepen isaf, nid y blaen na'r sawdl, er mwyn cael y balans yn iawn. Roedd perygl i flaen y droed fynd o dan y stepen nesaf wrth i honno godi a thorri bysedd y droed! Byddai'n rhaid cydio'n dynn yn y canllaw a bod yn hynod ofalus wrth ddod oddi ar yr *escalator* gan fod perygl y byddai'n rhwydd syrthio ymlaen ar y llawr o aros yn rhy fuan. Yr enghraifft orau o hyn a roddwyd ganddo oedd yr arferiad gan rai bechgyn ifanc o ddisgyn oddi ar y bws cyn i hwnnw aros; byddent yn rhedeg gyda'r bws am rai llathenni gan arafu'n ara' deg. Felly byddai'n rhaid cymryd rhyw gam neu ddau ymlaen wrth lanio ar ben y stand. Gosodwyd pawb yn rhes a chymerai pob un ei dro ar y stepiau, a hynny o dan oruchwyliaeth fanwl yr athro. Roedd ambell un mwy clogyrnaidd na'i gilydd a phryd hynny byddai llawer o weiddi, a mwy byth o regi, cyn mynd drwy'r mosiwns yr ail dro. Felly ar ôl rhyw noson neu ddwy fe ddaeth ieuenctid Blaen-pant yn arbenigwyr ar *escalators* tref Henffordd – ac ni laddwyd neb!

Cafwyd trip arall i'r Bermo a saif hwnnw yn y cof o ganlyniad i un digwyddiad teuluol. Roedd y trip wedi ei drefnu'n dda gyda chinio o salad i bawb ar ôl cyrraedd. (Wrth drefnu hwn y dywedwyd na fyddai pobl mor bell yn medru clywed ar y ffôn!) Wedi'r cinio aeth pawb ei ffordd ei hun, rhai i'r traeth, rhai i'r *amusements* a rhai i siopa. Un o'r rhai a aeth i siopa oedd Cati Tyngwndwn a chael bargen hefyd meddai hi wrth siarad â'r gwragedd eraill ar y stryd. Methai ddangos y fargen iddynt gan ei fod yn rhy letchwith ac yn rhy fawr i'w gario o gwmpas ond roedd y siop wedi addo dod â'r fargen i'r maes parcio cyn i'r bws adael am adref.

Mawr fu'r disgwyl gan y rhai a glywodd am y fargen. Chwarter awr cyn amser gadael y bws dyma was bach siop-y-fargen yn cyrraedd gyda phadell olchi dillad sinc ar ei gefn! Roedd y peth yn enfawr, gyda dwy handlen gref bob ochr. Gosodwyd hi yn y twll ym mhen ôl y bws i gyfeiliant sŵn chwerthin a llawer sylw digon annheilwng!

Roedd un o famau ifanc yr ardal ar y trip gyda thri o blant bach, a'r ieuengaf yn ddim mwy na rhyw ddwy flwydd oed. Gan ei bod wedi bod yn ddiwrnod braf a blinedig doedd dim hwyliau da ar y tri phlentyn a'r ieuengaf ohonynt yn waeth o lawer na'r lleill. Roedd angen gorffwyso a chysgu ar y tri ac roeddent felly yn dreth ar y fam druan. Does dim yn waeth mewn bws poeth ar ddiwrnod blinedig na sgrechian plant bach ac erbyn cyrraedd Dolgellau roedd pawb wedi cael hen ddigon ar y sŵn. Rhai da yw gwragedd am gael syniadau a defnyddio unrhyw beth sydd wrth law i wella'r sefyllfa. Gofynnwyd i'r bws aros a chael y badell olchi allan o'r pen ôl. Gosodwyd hi yn yr eil ar bwys y wraig a'r plant bach ac wedi cael benthyg sawl cot, trefnwyd hwy'n daclus yn y badell a rhoi'r dwyflwydd i orwedd arnynt. Cafwyd heddwch a chysgodd y creadur drwy'r daith adref, hyd yn oed dros y toriad am y tships traddodiadol. Wedi meddwl, roedd rhywbeth digon priodol yn y sefyllfa, o gysylltu trip Ysgol Sul gyda baban mewn padell sinc â'r baban mewn preseb ym Methlehem!

Amser i bopeth

Byddai ambell eisteddfod, cyngerdd neu ddrama yn torri ar undonedd bywyd ac yn destun sgwrs gyda'r nos ond doedd dim yn well i ryddhau'r tafod nag ambell ddigwyddiad neu sgandal. Byddai fy mrawd a minnau'n cael ein danfon i'r cae nos yn aml cyn y byddai'r straeon mwyaf diddorol yn cael eu gwyntyllu yn y siop. Nid yn gymaint am fod gwely cynnar yn dda i'n hiechyd ond er mwyn cael gwared â'r clustiau bach rhag iddynt glywed. Yn y gwely byddem yn clywed y sgwrs ond, fel y dywed yr Hen Air, ddim yn deall y geiriau, er hynny yn adnabod y lleisiau. Yn y murmuron hyn a oedd yn graddol bellhau ar alwad Siôn Cwsg yr aem i gysgu.

Ond roedd yr isymwybod yn dal yn effro a phan fyddai'r lleisiau'n tawelu ac yn troi'n sibrwd, dyna'r alwad i ddeffro gan fod rhyw sgandal yn cael ei thrafod. Dyw sgandal ddim i gael ei gweiddi o ben y mynyddoedd oherwydd yn amlach na pheidio bydd yn siŵr o ddod adref. Gwnâi'r sibrydion hyn i ni neidio o'r gwely a symud y mat rhacs oedd wrth droed y gwely, oherwydd tan hwnnw roedd dau neu dri thwll cangen yn ystyllod llawr y llofft; clust yn y twll a phen-ôl yn yr awyr fyddai hi wedyn i glywed y sgandal diweddaraf.

Ar nos Fawrth, bob rhyw dri neu bedwar mis, deuai ewythr a modryb i mi draw, rhyw ddod mewn cywilydd i weld fy nhad-cu, tad y fodryb, oherwydd yn y bwlch pedwar misol ni fyddent yn sôn amdano nac yn holi ei hynt, boed fyw neu farw. Roeddent wedi byw am gyfnod ar ôl priodi mewn ardal yn nes i'r dref a chan fod cymeriadau pob ardal ryw gymaint yn wahanol caem ninnau flas hefyd ar y straeon gwahanol a adroddent. Roedd hi'n dipyn o straen i wrando ar ein cwrcwd ar lawr y llofft os oedd y stori'n hir, ond ta waeth am y styffni os oedd y stori'n ddiddorol.

Y drws nesaf iddynt yn yr ardal honno trigai gwraig ddibriod, ganol oed a fyddai, oherwydd meinder a grym ei thafod, yn peri cryn anniddigrwydd iddynt ac, yn wir, i lawer o'r cymdogion. Gan ei bod mor llawdrwm ar bawb roedd hithau'n gocyn hitio i bawb hefyd, yn enwedig i'r bechgyn ifanc a fyddai'n cyfarfod yn gyson wrth y bont islaw ei thŷ. Oherwydd llymder ei thafod a'i diffyg parch at bawb, gelwid hi ar lafar gwlad, a hyd yn oed yn ei hwyneb er mwyn ei chythruddo, yn Mari Dragon.

Roedd gan Mari ryw led tin o ardd – a oedd dipyn llai na'r rhan honno o'i chorff! – lle tyfai ychydig lysiau. Ym mhen draw'r stad hon roedd sièd lle cysgai'r ieir a'r ceiliog a hefyd y donci a lusgai'r gart i'w chario i'r dref ddwywaith yr wythnos i werthu'r wyau a'r llysiau. Gan fod y gart yn fach, y donci'n wan o ddiffyg maeth a hithau'n gorlifo ar y sedd, doedd ryfedd ei bod yn destun hwyl a gwawd i bawb. Dangosodd ddiffyg parch at weinidog y Tabernacl, o bawb, pan roddodd hwnnw ei ysgwydd, fel Samariad da, y tu ôl i'r gart wrth fynd i fyny'r rhiw o'r dref. Roedd e wedi cymryd trueni dros y donci druan pan oedd coesau hwnnw'n ysgaru i'r pedwar gwynt, fel mochyn ar rew, o dan y baich. 'Diolch,' meddai'r ddraig, 'dau ddonci'n well nag un!'

Un noson aeth nifer o fechgyn i'r sièd yng ngwaelod yr ardd a dal y ceiliog. Clwydai hwnnw gyda'i ferched ar ddarnau croes o bren uwchben gwâl yr hen ddonci, gan ei blastro bob nos gyda gwastraff eu stumogau a'u perfeddion nes ei fod yn ymdebygu i un ach esblygedig yn unig oddi wrth deulu'r sebra. Wedi dal pig y ceiliog yn dynn rhag iddo glochdar a deffro'r ddraig, fe bluwyd ei gynffon ac addurnwyd harnais y donci a'r gart gyda'r plu.

Fore trannoeth aeth Mari i'r dref i chwilio am blismon, gan chwifio plu'r Rhode Island fel Sitting Bull yn dyst o'r anfadwaith. Roedd y plismyn yn ei hadnabod yn dda ond prin fod wyneb yr un ohonynt ar gael y bore hwnnw – blinder ychwanegol i'r donci druan wrth iddo dynnu'r gart o un stryd i'r llall i chwilio am un ohonynt. Rhywle tua gwaelod y Stryd Fawr gwelwyd plismon o'r diwedd ond wedi tynnu ei sylw, sylweddolodd Mari mai plismon newydd, dieithr ydoedd. Dyna pam efallai mai ef oedd yr unig un ar lawr daear y bore hwnnw! Sais oedd hwn a heb fod yn gyfarwydd â llithr ffraeth tafod Mari. Yn ei Chymraeg byddai'n sicr o fod wedi rhoi ar ddeall iddo beth oedd ei chŵyn a beth a ddisgwyliai iddo ei wneud, a hynny ar fyrder, ond roedd dweud hynny yn Saesneg yn fater arall. Crafodd am yr ychydig eiriau a feddai ac yn araf a bylchog daeth y rheiny allan: '*Look... look... they... they... plucked the feathers... off... off my cock... and... and stuck them on my â... â... âs!*'

* * *

Un digwyddiad a gafodd gryn sylw yn y siop-gegin ac ar ben yr hewl oedd saga'r whilber. Doedd dim unrhyw arbenigedd yn perthyn iddi, dim ond whilber bren fel pob whilber arall yn y cyffiniau a'i hunig ddefnydd oedd cario carthion y beudy i'r domen. Roedd y tŷ a'r adeiladau eraill ar ben y ffordd fawr ac yn aml byddai'n rhaid bod yn ofalus wrth fynd o un i'r llall rhag ofn y byddai rhyw gerbyd prin yn dod yn ddistaw, yn enwedig os byddai'n wyntog, gan achosi damwain a niwed.

Un bore roedd y whilber wrth ei gwaith y tu allan i ddrws y beudy pan ddaeth lorri'r Great Western Railway heibio a thorri'r cornel braidd yn fyr gan fwrw'r whilber wrth fynd heibio a'i diwel hi a'r llwyth i ganol y ffordd. Nid arhosodd y lorri ac yn ddiweddarach gwadodd y gyrrwr y cyfan; ni chofiai ei fod hyd yn oed wedi gweld yr un whilber.

Wedi codi achos yr anffawd ar ei thraed a chlirio'r dom oddi ar y ffordd, gwelwyd nad oedd pethau 'cystal ag y disgwylid', fel y dywedir am ambell glaf. Roedd astell un ochr y whilber wedi ei thorri ond, yn waeth na hynny, roedd y whilber druan yn hollol feddw, gyda'i choesau ar led fel dyn coesau pren yn eistedd ar sachaid o datw. Roedd y rhoden haearn oedd yn dal y ddwy goes yn blwm wedi plygu ac felly mewn cyflwr truenus. Un o glwyfedigion trafnidiaeth brin y 1940au!

Diolch fod y ciosg wrth law i fwrw cwyn ar swyddfa prif ddynion y GWR. Bu'r drafodaeth braidd yn unochrog gan nad oedd gyrrwr y lorri, pechadur y whilber, wedi dychwelyd o'i drafael. Bu'r drafodaeth hefyd yn dipyn o dreth ar yr amynedd gan fod pen draw'r ffôn yn cael ei symud o glust i glust ac o ben i ben a neb hyd yn oed yn barod i ystyried fod bai na drwg wedi bod. Bu'r sgwrs, neu'r diffyg sgwrs, yn fater o golli tymer, bron at ddiawlio, gan fod sŵn rhyw fân chwerthin tan ddannedd a chael hwyl yn y cefndir bob tro y ceisid trafod y gŵyn yn y gwahanol glustiau. Roedd hi'n amlwg mai mater o hwyl oedd y whilber i weision prif reilffordd y wlad; onid oedd disgwyl gwell oddi wrth bobl mewn awdurdod, felly? Rhoddwyd y gorau i'r alwad, nid yn unig i reoli tymer ond cafwyd addewid sicr y byddent yn gwneud ymholiadau gyda'r gyrrwr ar ôl iddo gyrraedd yn ôl.

Aeth dyddiau heibio heb glywed gair o wlad y GWR. Roedd cryn holi a thrafod yn y siop bob nos gan fod achos y broblem, sef y whilber, yn rhywbeth oedd yn angenrheidiol i waith bob dydd y fferm. Cynigiodd sawl un fenthyca whilber segur a derbyniwyd un cynnig yn ddiolchgar. Ar ôl cyngor gan gyfreithwyr y *Welsh Gazette* wrth y tân nos Fercher, ffoniwyd eto gyda'r cais i gael trafod y mater gyda'r prif ddyn ac nid gyda'r mân grech-chwerthinwyr eraill. Bu oedi hir wrth ddal y corn cyn y daeth Cymro Cymraeg i'r adwy a diolch byth am hynny gan mai prin oedd Saesneg perchennog y whilber wrth drafod ochr dechnegol y dioddefaint. Roedd y Cymro'n barod i dderbyn ein gair ac am wneud ymholiadau i weld a oedd modd trwsio'r whilber ond cyfaddefodd, unwaith y byddai'n gwneud yr ymholiadau, y byddai pethau y tu hwnt i'w ddwylo ef.

Erbyn hyn roeddem yn dechrau sylweddoli y byddai'r holl rigamarôl a gafwyd gyda'r ciosg yn codi ei ben eto a'r drafodaeth yn mynd ymlaen am fisoedd gyda swyddog o'r fan hyn ac un arall o'r fan draw â'u llwyau'n troi'r cawl. A dweud y gwir byddai darn o styllen oddi wrth John saer ac ychydig wres o bentan Dic y gof yn datrys y broblem o fewn awr. Torrwyd tipyn ar ein calonnau un noson pan alwodd Newyrth Ifan, oedd bron yn arbenigwr ar bob peth, gan ddarogan nad gwaith hawdd oedd trwsio whilber, fel y gwyddai ef yn dda trwy brofiad. Gwyddai am saer, pan ofynnwyd iddo drwsio tipyn ar whilber rhyw fferm, na wnaeth ddim am ddiwrnod cyfan ond gwneud planiau, mesur a gweithio ffigyrau. Roedd wedi sgriblan ei ffigyrau ar gefn dau ddrws newydd a oedd wedi cael eu gwneud ar gyfer sgubor y fferm. Roedd y ffigyrau a'r planiau'n dal ar gefn y drysau hynny ddeugain mlynedd yn ddiweddarach, yn batrwm i eraill fyddai'n ystyried ymhél â thrwsio whilber! Cafwyd ar ddeall ymhellach na thrwsiwyd y whilber honno byth, er yr holl baratoi. Awgrym y saer oedd i'r ffermwr brynu whilber fetel, gan fod y rhain yn dechrau dod ar y farchnad ac yn cael eu gwerthu gan gwmni yng Nghaerfyrddin. Mae'n debyg i'r ffermwr gytuno ar unwaith gydag awgrym y saer, gan fod diwrnod cyfan wedi mynd heibio eisoes i wneud gwaith sỳms a dim arall!

Doedd pethau ddim yn argoeli'n dda y byddai'r whilber, os trwsid hi, yn ôl yn ei gwaith o fewn cenhedlaeth felly, os na cheid arbenigwr prin, yn ôl Newyrth eto, i wneud y gwaith. I arafu pethau fwy fyth

daeth cerdyn post gyda stamp y GWR arno yn dweud
y byddai rhyw Mr Seimon yn galw maes o law i drafod
y sefyllfa ymhellach. Roedd e Twm Post bron â bwrw'i
berfedd eisiau cael gweledigaeth ar ymweliad y gŵr
dieithr a hynny ar yr un pryd â'i ymgais i geisio cuddio'r
ffaith ei fod yn gyfarwydd â phob gair ar y cerdyn! Ond
wrth gwrs, gyda'r nos, roedd yn rhaid rhoi gwybodaeth
fanwl am y newyddion diweddaraf i griw'r ffags a'r pop
yn y gegin, a'r hanes yn mynd adref i bob fferm a
thyddyn ac i bob dau a ddigwyddai sgwrsio ar ben
ffordd. Roedd saga'r whilber ddi-nod wedi cael gafael
ar ardal gyfan.

Gobeithid y byddai Mr Seimon yn dod â'r cyfan i
fwcwl ond nid felly y bu. Yn gyntaf roedd e, Seimon,
am weld y whilber yn ei holl ogoniant. Nid aeth yn agos
iawn ati, dim ond rhyw sbecian o fewn dwy lath. Fyddai
neb yn ei feio chwaith, oherwydd does dim arbennig o
hardd mewn whilber bren carthu beudy â'i dwy goes ar
led a heb un ochr, a'r cyfan o dan orchudd trwchus o
fwyd riwbob! Aeth i'w gar a thynnu allan fwndel o
bapurau mewn amlen lwyd gyda GWR yn amlwg ar
honno. Dyma'r sefyllfa meddai: doedd gyrrwr y lorri
ddim wedi cyfaddef ei fod hyd yn oed wedi gweld y
whilber, heb sôn am ei bwrw, ac roeddent wedi gwneud
archwiliad manwl o du blaen y lorri a methu gweld
unrhyw farc na nam ar honno. Dadleuwyd fod un tyst
i'r digwyddiad a dadleuwyd ymhellach mai go brin y

byddai'r whilber, gyda thrwch o ddom da, wedi bwrw tolc a gadael ei hôl ar y lorri, yn enwedig os oedd honno wedi ei hadeiladu o rywbeth tebyg i ddur trenau'r GWR.

Gwelodd Mr Seimon wendid ei ddadl a cheisiodd droi'r stori. Byddai'n rhaid iddo, meddai, anfon yr holl fanylion i'r brif swyddfa fel y gellid cael archwiliad manwl gan y cwmni yswiriant. Byddai hyn, fwy na thebyg, yn cymryd wythnosau os nad misoedd a heb sicrwydd yn y diwedd y byddai'r GWR, na'r yswiriant, yn barod i weithredu. Mwy na thebyg y byddem yn siŵr o golli'r ddadl gyda chostau uchel inni i'w talu. Roedd e am fynd i'w gar i eistedd, meddai, gan roi ychydig funudau i ni feddwl beth i'w wneud.

Bwriwyd pennau at ei gilydd. Penderfynwyd mai go brin y byddai gwas bach unrhyw gwmni yswiriant yn barod i drochi'i ddwylo yn dadansoddi'n fanwl y niwed i'r whilber ac mai siarad gwag i geisio taflu llwch i'n llygaid oedd parabl y Seimon. Galwyd arno i wneud y trefniadau i symud ymlaen gyda'r trwsio. Yn ychwanegol, roeddem am gael whilber arall i wneud y gwaith tra byddai'r trwsio'n digwydd. Ni soniwyd am y whilber fenthyg. Cafwyd cefnogaeth frwd gan y siopwyr gyda'r nos i'n penderfyniad, er y sylweddolem mai ysfa i weld y stori'n parhau oedd eu blys hwy, heb feddwl dim am y gost a fedrai ddod arnom ni pe byddai pethau'n mynd yn ffradach.

Rai dyddiau wedi ffarwelio â Mr Seimon, tuag amser te, daeth lorri'r GWR at y drws. Roedd gan y gyrrwr ddarn o bapur, gyda phennawd a stamp GWR arno, yn dweud bod ganddo whilber i ni, dros dro, o'r Amwythig a'i fod i gasglu un arall i gael ei thrwsio. Roedd tipyn o frys arno gan ei fod am ddychwelyd yn ôl dros Glawdd Offa cyn nos. Dadlwythwyd un whilber, yn ei gwisg dydd Sul, a llwythwyd y llall, yn ei gwisg bob dydd, ar y lorri. Fe'i rhwymwyd yn dynn i arbed niwed ychwanegol a rhoddwyd tarpowlin drosti i guddio'i gwarth! Roedd Mari Penpompren yn digwydd bod yn y fan a'r lle yn dyst i'r cyfan ac yn barod i ledu'r stori i bawb a âi heibio i'w drws agored.

Roedd y whilber a etifeddwyd dros dro yn fodern, yn lân ac yn ysgafn gan nad oedd pwysau ei gwasanaeth eto wedi glynu wrthi. Y bore canlynol troes aml fuwch ei phen oddi wrth yr aerwy i edrych ar y whilber newydd, gyda syndod a balchder yn chwarae'n rhith yng nghornel eu llygaid!

Unwaith y clywyd am haelioni'r GWR dechreuwyd holi gyda'r nos pryd y dychwelid gwrthrych y saga. Bu'n rhaid aros wythnosau – digon i'r whilber newydd wisgo cot debyg i'w chwaer afradlon. Gwawriodd y dydd pan ddaeth lorri'r GWR unwaith eto at y drws gyda'r nodyn arferol oedd yn rhoi'r hawl i ddadlwytho un whilber a llwytho un arall, fel o'r blaen. Datodwyd clymau'r rhaffau a thynnwyd y tarpowlin ymaith ar frys i weld ein whilber ar ei newydd wedd. Ond, o'r fath siom! Doedd fawr ddim ohoni i'w weld, dim ond yr olwyn haearn a rhan o'r ddwy fraich. Roedd y corff i gyd o dan gwrlid o ddefnydd hesian y sachau gorau, a llathen neu ddwy o dâp i'w gadw'n ei le, gyda mynych enw GWR yn frith arno. Cyn dadlwytho gwelwyd fod yr olwyn yn disgleirio o dan got o baent du a'r ddwy fraich, cymaint oedd yn y golwg, yr un mor ddisglair dan got o farnais. Wedi dadlwytho a matryd y whilber o'i chot fawr, edrychai'n well na newydd. Ni fu erioed lanach na phrydferthach whilber ac, yn goron ar y cyfan, roedd platyn pres wedi ei hoelio'n gelfydd ar y forden flaen: '*GWR Depot Property, Swindon.*'

Do, bu yn y lle hwnnw'n cael ei thrwsio, gan yr un crefftwyr a adeiladai goetsys trenau i neb llai na'r brenin hyd yn oed. Ond pwy, tybed, oedd y prentis bach a gafodd y gwaith o'i glanhau cyn iddi fynd dan ddwylo'r crefftwyr?!

Bu cyffro mawr bob noson yr wythnos honno, gyda mynych fynd a dod i weld y gweddnewidiad. Cafodd y whilber ddyddiau segur i'w harddangos, cyn dychwelyd ymhen rhai dyddiau at ei phriod waith gan wireddu geiriau'r pennill canlynol:

Er magu hwch yn Cilie
ac anfon hon i Fryste,
er maint a wêl hi yma a thraw
yn hwch y daw hi adre.

*　　*　　*

Ar noson naw nos olau y daeth y rhyfel agosaf at y siop-
gegin a hynny am ddeng munud i ddeg ar nos Sadwrn.
Fel arfer byddai'r gegin yn llawn ond y noson honno
dim ond un cwsmer-storïwr oedd yno, wel, gwrandawr
yn hytrach na storïwr gan mai un byr ei eiriau ydoedd.
Roedd y cynhaeaf llafur ar ei anterth ac oherwydd
cwota'r llywodraeth o ŷd i bob fferm roedd codiad haul
tan fachlud yn brin o oriau i'w gynaeafu. Ar
nosweithiau golau-leuad-fel-dydd byddai gweithio
drwy'r dydd a'r nos yn cywain llafur yn beth eithaf
cyffredin ac yn gyfle i achub mantais os oedd y tywydd
yn ffafriol. Ni fyddai pethau o blaid gweithio bob nos
oherwydd pe byddai'n oeri ar ôl swper, yna gwlithai'n
drwm ac felly câi'r medelwyr hoe. Byddai'r gwlith yn
effeithio ar y diwrnodau canlynol hefyd gan na fedrid
cywain cyn cinio, wedi i'r gwlith godi.

Felly, nos Sadwrn dawel oedd hi, er bod llawer o
brysurdeb wedi bod ynghynt wrth i bawb ruthro rhwng
godro a swper i gael y ffags angenrheidiol cyn
ailddechrau ar y cywain. Roedd yr unig un oedd yn

bresennol, sef Tom y codwr canu, yn eistedd yn ôl ei arfer ar y gadair nesaf at y drws a'i got dal glaw, er nad oedd unrhyw argoel o hynny, wedi ei pharselu'n daclus o dan y gadair. Eisteddai yn y gadair bellaf oherwydd ei fod braidd yn swil a di-ddweud a mynych y tynnid ei goes gan ei fod yn hen lanc yn ei bum degau. Roedd yn ffermio gyda'i frawd hŷn a'i chwaer a'r ffermio braidd yn hen ffasiwn heb fawr o'r offer oedd yn fodern yn y dyddiau hynny. Roeddent yn dal i werthu menyn yn hytrach na gwerthu llaeth a byth yn defnyddio'r farchnad i werthu eu stoc ond yn hytrach yn eu gwerthu i'r prynwr wrth y tŷ.

Roedd y brawd hŷn yn fwy swil fyth a'i chwaer fyddai'n siopa am ei faco bron bob amser, heblaw am rai eithriadau prin. Y troeon hynny byddai'n dod gyda'r nos ac yn gorwedd ar y clawdd ryw ganllath o'r siop gan ddisgwyl i rywun fyddai'n dod heibio i siopa drosto. Mae'n wir dweud bod llawer merch ifanc a morwyn wedi gwlychu eu hunain mewn ofn wrth ddod ar ei draws, mor anweledig, ym môn y clawdd yn y tywyllwch, yn enwedig pan fyddai'n cuddio yn nhyfiant yr haf, cyn tocio'r cloddiau.

Ond y noson hon roedd y sgwrs yn ddigon prin gan fod Tom yn eistedd gryn bellter o glyw. I wneud y clywed a'r gwrando'n waeth roedd sŵn awyren yn mynd a dod ers amser, weithiau'n agos ac yna'n ymbellhau fel pe bai'n mynd o amgylch mewn cylch.

Doedd sŵn awyren ddim yn beth dieithr yn y nos gan y byddai awyrennau'r gelyn a'n hawyrennau ni yn mynd drosodd yn aml ond rhywfodd roedd sŵn hon yn wahanol ac roedd pawb ohonom yn teimlo fod rhywbeth ar ddigwydd. Fel arfer, pan glywid sŵn awyren, byddem yn edrych at y ffenestr i wneud yn siŵr nad oedd y golau'n treiddio allan. Yn sydyn dyma'r holl dŷ yn dechrau crynu a sŵn dwy ergyd o du uffern na chlywyd erioed mo'u tebyg.

Roedd Tom wedi codi o'i gadair ac ar fin mynd trwy'r drws ond rhybuddiwyd ef i aros rhag ofn bod y Jyrmans y tu allan. Wn i ddim a oeddem yn disgwyl i'r rheiny, os oeddent yno, gnocio'r drws cyn dod i mewn! Poenai Tom am ei frawd a'i chwaer gartref wrthynt eu hunain ac yn ei ofid roedd wedi troi ei got law gymaint rhwng ei ddwylo, fel un yn gwasgu dŵr o liain gwlyb, nes bod honno'n rubanau rhwng ei fysedd.

O'r diwedd aeth pawb allan – ond nid i dawelwch y nos. Fu erioed awr mor swnllyd; pob dafad yn rhuthro i gwmni'i gilydd fel pe bai cŵn y diafol ar eu holau a phob buwch ac eidion yn brefu mewn ofn. Roedd yn amlwg fod y fflach a sŵn y ffrwydrad wedi codi ofn ar bawb a phopeth a oedd ynghwsg funudau ynghynt.

Y bore Sul canlynol cawsom wybodaeth fod dwy *land mine* wedi disgyn ar barasiwt ryw filltir oddi wrthym ond heb wneud fawr niwed gan iddynt lanio mewn tir gwlyb ac felly gladdu a boddi eu nerth. Erbyn y prynhawn roedd degau o bobl wedi cyrraedd i weld y tyllau ac i hel darnau o'r parasiwt, cyn i swyddogion pwysig yr *Home Guard* o'r dref ddod i'w nôl. Ymhen rhai nosweithiau bu'r cwest yn hir yn y siop-gegin a phob un â stori wahanol am y digwyddiad. Hwn a'r llall wedi cael sicrwydd am achos y bomio a'r dychymyg wedi ychwanegu at bob stori. Taerai rhai eu bod yn gwybod i sicrwydd fod y drwgweithredwyr a'u hawyren wedi dilyn golau tân y trên i Dregaron ond wedi ei golli pan aeth hwnnw i mewn i'r twnnel yn Nhyn-graig. Roedd eraill wedi clywed fod yr awyren wedi cael ei saethu i lawr ar bwys Abergwaun a'r peilot wedi cyfaddef mai ef oedd yn gyfrifol am ollwng y ddwy fom er mwyn cael mynd adref i frecwast! Golau lamp Dai'r trapiwr wrth fynd o amgylch y trapiau cwningod oedd esboniad arall a mynnai un daeru mai bachgen o'r dref a oedd yn beilot yn y llu awyr oedd am dalu 'nôl i deulu'r ferch oedd wedi terfynu eu carwriaeth. Câi dychymyg dir ffrwythlon y dyddiau hynny a daliodd y straeon rhyfedd i gael llafar am wythnosau wedi'r digwyddiad. Bob yn dipyn anghofiwyd am yr helynt a daeth heddwch unwaith eto i deyrnasu.

* * *

Nid yn aml y byddai ffermwyr yr ardal yn ymddeol ond yn hytrach byddent yn trosglwyddo'r fferm i ddwylo'r plant, y mab hynaf ran amlaf. Ambell dro gellid dal ar y cyfle pan ddeuai tŷ neu dyddyn bach yn rhydd yn yr ardal i symud iddo, rhyw hanner ymddeol a chadw llygad ar y fferm ar yr un pryd. Bryd arall yr etifedd fyddai'n symud i ryw fan cyfleus ar ôl priodi a theithio i'r fferm yn ddyddiol i weithio. Prin felly y byddai tŷ gwag yn yr ardal i rywun dieithr symud i fyw iddo a phrinnach fyth y codid tŷ newydd, dim ond adnewyddu'r hen yn ôl chwaeth a mympwy'r wraig ifanc newydd.

O ganol y 1930au ymlaen daeth newid mawr i ffermydd a thyddynnod teuluol cefn gwlad gyda dyfodiad y Bwrdd Marchnata Llaeth. Bellach roedd cynhaliaeth fisol ar gael ac nid oedd rhaid dibynnu ar arian ansefydlog pen y farchnad na'r porthmon lleol. Roedd ffermio a hwsmonaeth hefyd ar i fyny gan fod yn rhaid bellach ofalu am fwyd gyda nodd a maeth ynddo, i gael y gorau o'r gwartheg godro. Atgyweiriwyd clawdd a ffens, cafwyd pob llidiart i gerdded ar ei getyn er mwyn amddiffyn pob cae rhag y libart agored a fodolai gynt. Bellach roedd achlesu blynyddol yn gwella porfa cae, dôl a ffridd.

Bellach nid oedd angen cario'r fasged wyau na'r menyn i'r farchnad yn y dref a gorfod dibynnu ar fympwy bargeinio'r gwragedd-cadw-ymwelwyr a fynnai'r pris isaf bob tro. Roedd rhyw anniddigrwydd yn bodoli yn y cylch – mae'n dal i fod felly, i raddau – a oedd ar brydiau'n troi'n elyniaeth rhwng trigolion gwlad a thref. Yn sicr, roedd y pris ar fwrdd neuadd y farchnad yn gyfrifol am lawer o hyn. Yn aml, gadawai gwragedd y dref y bargeinio tan y funud olaf, gan wybod yn iawn y gwerthid y pwys menyn neu'r dwsin wyau am bris gostyngol iawn ar ddiwedd y dydd, yn hytrach na'u cario adref. Cyn dyddiau'r rhewgell a'r drafnidiaeth yn brin, byddai peidio gwerthu yn fwy fyth o golled, er y byddai'r pris o dan bris cynhyrchu yn aml. Ond tybed nad oedd yr elyniaeth yn hŷn na hynny ac yn bodoli ers canrifoedd? Yn nyddiau cynnar marchnata fe werthid nwyddau, er diogelwch, dan gysgod muriau'r castell fel y byddai'r gwerthwyr yn derbyn nawdd a chefnogaeth gwŷr y castell; hynny'n aml yn erbyn y lliaws gwerinol, gwladol, a oedd yn casáu deiliaid a chynffonwyr y castell. Amlygid y gwrthdrawiad hwn yn aml gan yr hen Jane Hughes yn ei siop gyda'r nos. Pan fyddai Jane yn proffwydo fe fyddai, er mwyn rhoi pwyslais, yn ei ailadrodd bob yn gymal: 'Hen bobol y dre, hen bobol y dre, 'run fath â'u cloc, 'run fath â'u cloc, pedwar wyneb, pedwar wyneb.' Cof hir yw cof gwerin a chof cenedl.

* * *

Ar ddechrau'r rhyfel, rhyw flwyddyn cyn i'r Almaenwr haerllug hwnnw godi ofn arnom ar y nos Sadwrn, symudodd teulu – tad a mam ac un plentyn – i'r ardal. Daethant i fyw i Ael-y-bryn, tŷ mawr oedd wedi bod yn wag, o fewn ergyd carreg i'r siop ac a ddaeth yn ddiweddarach yn gartref i 'Mistir' wedi iddo ymddeol. Roedd y tad yn Athro diwinyddiaeth yn y coleg, yn bregethwr ar y Suliau ac yn flaenllaw, fel y disgwylid, o fewn y Cyfundeb Presbyteraidd. Pobl dosbarth canol cymdeithas y dref oeddynt, yn cadw morwyn – peth anghyffredin mewn tŷ unigol, gan nad oedd y fam yn gyfarwydd â gwneud gwaith tŷ, neu ddim am ei wneud. Roedd y fam yn ferch i berchennog siop fawr yn Abertawe ac wedi cael addysg mewn ysgol fonedd yn Lloegr nad oedd yn cynnwys gwersi ar sut i gadw tŷ. Ie wir, cymysgedd anghyffredin iawn i ardal Cornelofan.

Fel y disgwylid, roedd bywyd cefn gwlad yn anghyfarwydd iawn iddynt ond buan y daethant i sylweddoli y byddai'n rhaid iddynt ddygymod â'r ardalwyr, yn hytrach na'r ardalwyr â nhw. Serch hynny, oherwydd eu statws, derbynient barch gan bawb ac fe gaent eu galw yn ôl eu teitlau yn hytrach na llysenw neu enw'r cartref, fel y gweddai i bawb arall.

Roedd y mab tua'r un oed â fy mrawd hynaf a minnau a buan y daeth i'n dilyn, efallai yn anffodus, o gwmpas y tyddyn a'r fro. Roedd wedi cael penrhyddid bellach o'r tŷ a'r ardd gefn ar ôl symud o'r dref a châi fwynhad mawr mewn rhyddid tŷ a thwlc a chae. Teimlem ninnau fod angen ei ddysgu yn y ffordd wladaidd Gymreig, gan mai Saesneg oedd ei brif iaith, ac ehangu cryn dipyn ar ei eirfa, boed dda neu ddrwg, trwy ddefnydd o eiriau a oedd ar brydiau'n amharchus i fab pregethwr. Taerai rhai ei fod yn y lle iawn i ddysgu! Dysgodd yn fuan, gan ei fod fel sbwng yn llyncu'r cyfan. Gwelwyd ei fod yn awyddus i gael profiad o bob gorchwyl ac fe'i cafodd yn hael. Byddem yn barod i chwilio'r bryntaf, gwaethaf a'r mwyaf cymhleth o orchwylion iddo er lledaenu ei addysg a'i eirfa Gymraeg!

Gan nad oedd wedi byw gydag anifeiliaid tueddai i anwylo pob creadur byw ac amser godro byddai'n llawn ffŷs o gwmpas rhyw ddwy gath a ddeuai nos a bore i ddrws y beudy i gael llaeth. Gofynnid iddo ddal y cathod yn ei gôl tra byddem yn ceisio eu bwydo trwy saethu llaeth yn syth o deth y fuwch i'w cegau. Wrth gwrs, methiant fyddai hyn bob tro – rhan amlaf yn bwrpasol! – a llifai'r llaeth i lawr ei ddillad gan ddiferu ar ei esgidiau. Roedd hefyd wedi anwylo Lucie, y fuwch hyllaf mewn bod gydag un corn i lawr a'r llall i fyny, a mynnai dynnu ei llun yn wythnosol tra safai honno yn y baw a'r dom mwyaf – nid bob amser o ddewis y fuwch! Byddai'r tad yn galw yn y siop sawl gwaith yn ystod yr wythnos i nôl ei sigaréts – sigaréts sylwer, nid ffags fel y gelwid hwy'n arferol. Byddai bron bob amser yn cwyno fod Richard yn araf iawn yn dysgu ffordd y wlad gan ei fod yn dod adref gyda'i ddillad yn y stad fwyaf brwnt. Tybed a wyddai fod gan ei fab athrawon caled ac mai cic i'r post er mwyn i'r pared glywed oedd ei gŵyn. Dysgodd y mab y ffordd o'r diwedd, er i'r gwersi fod yn galed ar brydiau.

Roedd eto angen hyfforddi Richard mewn iaith a geirfa ond fe ddaeth hynny hefyd o dipyn i beth. Byddai'n dianc draw gyda'r hwyr i gymysgu gyda bechgyn y siop, er gofid i'w fam a fyddai am ei roi yn ei wely. Yn fuan datblygwyd ac ehangwyd ei iaith a'i eirfa yng nghwmni'r rhain. Dysgodd adnodau yn Gymraeg na chyfieithwyd mohonynt erioed gan William Morgan, er cystal Groeg a Hebraeg yr athrylith hwnnw! Fy mrawd a minnau fyddai'n cael y bai ar gam, oherwydd ar ôl mynd adref byddai'n diawlo ac yn ufferno fel paun ac yn adrodd yr adnodau newydd a ddysgodd. Roedd angen cydymdeimlad arnynt fel teulu, oherwydd ar brydiau byddai pregethwyr a phobl fawr y coleg yn cael gwahoddiad i fwyd neu i aros dros nos, a byddai iaith ac ymadroddion newydd y mab yn swnio braidd yn chwithig yng nghlustiau'r ymwelwyr. Gobeithio ein bod i gyd, athrawon ei iaith newydd, wedi cael maddeuant ganddo oherwydd daeth yn ddiweddarach yn weinidog uchel iawn ei barch gydol ei oes.

Haf a gaeaf byddai Richard yn domen o frethyn symudol ac ar ben hynny wedi ei gladdu mewn cap a sgarff hyd at ei glustiau. Yn ôl ei fam, roedd e'n dal pob anhwylder posibl yn 'awyr iach afiach' cefn gwlad. Efallai bod rhyw gymaint o wir yn hynny, oherwydd bod fy mrawd a minnau mor bechadurus wrth ymddwyn tuag ato, er ein bod yn ffrindiau pennaf. Ar ei ffordd i'r coleg galwai ei dad draw yn aml, i annog un ohonom i fynd draw i chwarae gydag e gan fod ei fam yn ei gadw yn y tŷ, oherwydd ei fod yn yr annwyd neu ryw fân salwch felly. Arnaf i y syrthiai'r *baby sitting* bob tro ac roedd hynny'n gas gennyf. Meddwl am dreulio diwrnod yn chwarae teganau gydag e a rhyddid fferm a chae mewn heulwen yn denu.

Roedd yno deganau o bob math a phob pris, diolch i'r tad-cu a'i siop fawr holl gynhwysfawr yn Abertawe. Pan aeth 'Abertawe'n fflam' bomiwyd y siop a bu'n rhaid i'r tad-cu a'i ferch ddi-briod symud i rannu tŷ gyda'r teulu yn Ael-y-bryn. Roedd Mr Evans yn ŵr bonheddig o'r iawn ryw. Byddai'n dod draw i'r siop bob amser cinio dydd Mercher i nôl owns o furum i'r forwyn bobi bara. Roedd y burum yn dod gyda'r bws deuddeg o'r dref mewn llestr pridd arbennig a rhaid fyddai ei ddefnyddio o fewn pedair awr ar hugain, cyn iddo golli ei nerth. Estynnai Mr Evans ddarn deuswllt neu hanner coron yn dâl am y ceiniogau o werth y burum gyda'r geiriau '*keep the change*'. Byddai Jane, fy chwaer, yn dod â'r *Western Mail* iddo'n ddyddiol o siop William wrth ddod adref o'r ysgol a châi ddarn chwe cheiniog i dalu'r geiniog a dimai amdano, a chadw'r newid.

Roedd hi'n amlwg fod y tad-cu yr un mor hael gyda'i deganau i Richard ond er cystal y rhain, gwnawn fy ngorau pan fyddwn yn 'gwarchod' i'w ddenu allan pryd bynnag y byddai ei fam wedi troi ei chefn. Doedd hyn ddim yn aml gan y byddai'n ei fwydo gyda rhyw foddion da-i-ddim o ryw botel neu'i gilydd o hyd a sychu'i swch rhag y drifls. Nid y fe oedd yn dioddef salwch ond ei fam.

Un bore roedd y rhieni wedi gadael am y dref gan fegian, yn ôl yr arfer, arnaf i i fynd draw i 'warchod'. Roedd y forwyn yn uchel ei chloch y byddai'n rhaid inni fihafio a chadw'n gynnes gan ei bod wedi cael rhybudd gan ei meistres cyn i honno adael. Gan fod y claf bellach wedi dysgu, ac yn barod i gael ei gamarwain, buan y daeth yr awydd am awyr iach. Roedd adeiladau a berthynai i dyddyn yng nghefn y tŷ, gyda rhan o'r beudy wedi ei droi'n garej. Y bore hwnnw cysgodai rhyw dair neu bedair iâr, a oedd wedi cael eu magu yn hanner dof ac yn eilunod gan y teulu, rhag y glaw mân yn y garej agored. Wedi cau'r drysau, gwaith hawdd oedd eu dal, gwthio pen dan adain, eu suo'n ôl a blaen am ryw funud a'u cael i gysgu'n dawel yn nhywyllwch y garej. Wedi eu rhoi i gysgu yn rhes ar y llawr, roedd yn rhaid rhedeg o un i'r llall wrth iddynt ddechrau deffro a'u suo'n ôl i gwsg, fel dyn y syrcas a chwyrlïai blatiau ar ben pric a rhedeg o un i'r llall i'w cadw i droi. Buom wrthi am funudau hir yn cael hwyl wrth eu cadw mewn trwmgwsg.

Yn sydyn clywyd sŵn car y tu allan – rhybudd fod y rhieni wedi cyrraedd adref. Rhedodd y ddau ohonom trwy ddrws cefn y garej, trwy'r ardd gefn ac yn ôl i undonedd yr ystafell deganau. Yn y rhedeg a'r gweiddi a ddilynodd ofnem ein bod wedi cael ein dal ond nid felly, rheswm arall oedd i'r halibalŵ. Roedd y tad wedi agor y drws i roi'r car yn y garej pan welodd res o ieir yn gorwedd yn ddiymadferth ar y llawr. Roedd y fam, yn hanner wylo, yn ceisio'i frysio i ffonio'r fet gan ei bod yn tybio bod y forwyn, rywfodd, wedi eu gwenwyno wrth eu bwydo. Ar ôl dweud ei neges wrth y fet aeth y tad yn ôl i'r garej i fendithio'r cyrff, neu i gydymdeimlo gyda'r ceiliog, ond doedd yr un iâr yno. Roeddent wedi cael digon o gwsg am y dydd ac wedi mynd i hel eu busnes, fel pob iâr gall ar ganol dydd. Wedi chwilio amdanynt a chael fod pob un yn iach, daeth draw at fy nhad i sôn am y wyrth ac i geisio esboniad, fel pe bai hwnnw'n arbenigwr ar fywyd gwyrthiol ieir. Gan na wyddai ddim am gefndir y stori, cynghorwyd ef i ailffonio'r fet i geisio celu'r embaras trwy ddweud ryw gelwydd golau bach rhag iddo ei fychanu ei hun. Penderfynwyd cadw'r wyrth yn dawel ac o glustiau'r rhai mwyaf siaradus oherwydd gallai'r helynt fod yn fêl ar wefusau bechgyn y siop pe cawsent yr awgrym lleiaf am gysgadrwydd yr ieir!

* * *

Ynghanol y mân siarad un noson yn y gegin cyhoeddodd un a oedd newydd ddod i mewn fod Jac y Graigwen wedi prynu Daimler. O glywed newyddion mor fawr disgwylid i'r gegin fynd yn ferw o gwestiynu ac o drafod, ond nid felly y bu. Ni chafwyd fawr sylw a hynny am na wyddai neb, wrth yr enw dieithr, beth oedd pedigri anifail felly, na sawl coes oedd ganddo, na chwaith pa un ai blewog neu bluog ydoedd. Yr oedd o frid hollol ddieithr hyd yn oed i'r negesydd. Ond ar ôl noson neu ddwy a chael amser i holi hwn a'r llall, yn enwedig un o weision y fferm, roedd y drafodaeth yn frwd er bod yr enw yr un mor ddieithr i'r ychydig berchenogion Austin neu Morris oedd yn yr ardal. Cafwyd ar ddeall fod y car i gyrraedd yn hwyr y prynhawn ar ryw ddiwrnod arbennig a threfnwyd i gyfarfod y noson honno ar ben y lôn, yn y gobaith o gael cip ar y newydd ddyfodiad. Ond fe ddigwyddodd pethau'n well na'r disgwyl; doedd dim angen sbecian dros gloddiau na thrwy shetinau gan fod perchennog newydd y Daimler yn y cae ar bwys y tŷ yn ymarfer gyrru. Aeth pawb ohonom yn ddigon hyf i mewn i'r cae ac ar ddiwedd y lap Silverstone ddiwethaf fe arhosodd y car o'n blaen. Roedd edmygedd mawr o'r *Daimler* du. Dyna beth oedd car mawr, gyda hẁd llwyd fel ar bram babi dros y sedd ôl a hwnnw'n cau ac yn agor ar wasgiad botwm. Ond yr hyn a dynnodd fwyaf o sylw oedd y lampau ar y tu blaen, yr un maint bron â phadell golchi llestri'r festri ar noson sosial, a'r rheiny'n disgleirio 'fel disglair em'. Aeth ambell un i'w sgleinio ymhellach trwy eu sychu â llawes côt a thipyn o boer, tra aeth eraill i orweddach ar ei hyd ar y sedd gefn, gyda'r hŵd yn cau ac agor uwch eu pennau fel pe byddent yn bolaheulo ar draethau'r 'River Era' fel y byddai Jên Tyn-ffordd yn galw'r lle hwnnw ar ôl clywed am rai yn treulio'u mis mêl ar y traethau melyn. Ac nid dyna'r cyfan, cafodd pawb 'siwrnai yn y siari' o gwmpas y cae yn sŵn hysian am fwy o gyflymder a chwifio capiau'r bolaheulwyr o'r sedd gefn.

Y trueni oedd bod tynged y Daimler 1927 wedi ei drefnu ymlaen llaw cyn bod y taliad wedi oeri. Nid car i swanco fyddai bellach, i'w lordio ar hyd y wlad fel y gweddai iddo, ond fel pob ceffyl gwaith doedd dim disgwyl diwrnod caled o waith ar ôl croesi'r deuddeg oed. Roedd y drysau ôl i'w tynnu ymaith, yn ogystal â'r hŵd-pram-babi a'r bŵt. Yna, wedi naddu ychydig ar y metal, medrid gosod bocs hen gart rhwng y mydgards i wneud lorri fach. Fyddai dim yn fwy hwylus i wneud mân orchwylion o gwmpas y ffald a mynd â'r llaeth i'r stand. Tipyn o sarhad i gar gyda'r fath bedigri!

Cafwyd sawl noson ynglŷn â'r gwaith ac ambell un a oedd yn 'llawn awyddfryd pur' yn barod i gynnig help llaw yn ei chwilfrydedd. O dipyn i beth, ac wedi aml ddadl a datgan barn ac ambell reg, fel y byddai'n briodol y tu allan i furiau'r Ysgol Sul, daeth y rhan fwyaf o'r gwaith i ben. Wrth gwrs, fel gyda'r peirianwyr mawr, bu lle i lawer o arbrofi a 'thynnu yma i lawr a chodi draw', yn enwedig gyda'r seddau blaen. Pwysai'r bocs cart ormod 'nôl, neu doedd corff y car ddim yn ddigon hir a'r unig ffordd o gael y cydbwysedd yn iawn oedd drwy dynnu'r seddau blaen i ffwrdd. Doedd gwaredu'r sedd nesaf at y gyrrwr ddim yn broblem, achos go brin y byddai unrhyw ddau am fynd ar drip i lan y môr bellach yn y Daimler ar ei newydd wedd. Wedi dwys fyfyrio daethpwyd i'r casgliad y byddai tun pum galwyn Cooper's Dip yn gwneud y tro i'r gyrrwr gyda sach hadau yn gwshin, gan na fyddai'r un siwrnai yn faith iawn. A beth bynnag, onid oedd pen-ôl pawb wedi hen galedu ar y stolion godro bob bore a nos a'r rheiny heb unrhyw fath o gwshin! Byddai tun pum galwyn felly yn ddigon cyfforddus.

Roedd hi wedi dod yn hydref cyn i'r gwaith o lwyr ymddihatru'r Daimler a'i ailwisgo ddod i ben a phenderfynwyd ar fore arbennig fynd i Gae Clwtyn i nôl llwyth o swej at y tŷ i'r defaid cyntaf fyddai'n wyna. Y bore hwnnw roedd fy mrawd a minnau yn yr ydlan yn fore ond, yn rhy hwyr, roedd y Daimler ar ei drafael gydag un o'r gweision ar y stepen i agor y llidiardau, fel porthor mewn gwesty mawr! Gwelsom ei gynffon yn mynd dros y trum pellaf ar ei ffordd i Gae Clwtyn i nôl ei lwyth cyntaf.

Ar fferm y Greigwen mae enwau diddorol iawn i

nifer o'r caeau sydd, o bosibl, yn hen a hanesyddol iawn. Y cae canol o'r rhain yw Cae Castell Crab (dyna'r enw llafar) ac o'i gwmpas ceir Cae Bryn Milwr a Chae Bryn Dioddef. Yn is i lawr ceir Cae Coch, efallai yn atgof o waed y frwydr, a'r cae pellaf yw Cae Clwtyn sydd efallai'n golygu rhwymyn ar glwyfau. Tybed ai enwau o'r gorffennol pell ydynt, yn ganrifoedd oed ac wedi goroesi i'n dyddiau ni? Atgof o hen frwydr waedlyd rhyw dywysog dienw neu hyd yn oed Glyndŵr ei hun. Beth bynnag, trwy'r caeau hyn ar fore o hydref yr aeth y Daimler at ei waith, gan orffen yn fythgofiadwy a bron yn drychinebus.

Mawr fu'r disgwyl am y dychweliad; pob llygad ar y gorwel gyda'r gwas arall a'r forwyn yn dod i roi ambell gip rhwng gorchwylion y bore. Tybed a oedd rhywbeth wedi mynd o'i le a'r car pendefigaidd wedi pwdu oherwydd y sarhad o'i droi'n was bach twtian?! O'r diwedd wele'r cerbyd yn dod yn araf a phwyllog dros y gorwel. Roedd ganddo lechwedd digon serth i ddod i lawr o Gae Bryn Milwr cyn cyrraedd y cae gwastad ar bwys y tŷ a arweiniai i'r ydlan. Hanner ffordd i lawr y rhiw cafwyd rhyw syniad fod rhywbeth o'i le gan ei fod yn tueddu i gyflymu yn yr union fan y byddai arafu'n gweddu'n well. Erbyn cyrraedd y gwastadedd roedd yn dod fel y Jehu ac ar y funud olaf yn unig y trodd trwy'r bwlch i'r ydlan. Aeth yn erbyn cornel sièd sinc tŷ'r oil-injin gan falu un o'r lampau maint-padell-olchi-llestri a sgleiniai fel 'disglair em' ac yna ei gladdu ei hun yn y tŷ ieir symudol wrth glawdd yr ydlan. Brasgamai'r ceiliog yn fygythiol tra safai ambell iâr yn ungoes freuddwydiol yn syndod y daeargryn, fel y bydd iâr mewn penbleth. Rhuai peiriant y Daimler ynghanol y cwmwl pluf a'r clochdar, gan wneud i bob enaid gwalltog redeg i weld beth oedd wedi digwydd – a diolch am hynny. Buan y sylweddolwyd ei bod yn amhosibl cael y gyrrwr allan er ei fod prin yn medru anadlu. Aeth pob llaw ati i ddadlwytho'r llwyth yn y gobaith o fedru gwneud hynny a fedrem i achub y gyrrwr. Gan nad oedd y bocs cart wedi ei folltio i gorff y car fe symudodd hwnnw ymlaen dan bwysau'r llwyth wrth ddod i lawr y llechwedd, gan wthio'r gyrrwr a'r tun Cooper's Dip ansefydlog ymlaen yn erbyn y llyw fel na fedrai symud na llaw na throed. Gan fod y droed ar y sbardun pan ddaeth y gwthiad ni fedrai ei thynnu'n ôl ond yn hytrach cafodd ei orfodi i'w gwasgu'n dynnach. Ni fedrai ychwaith, oherwydd y diffyg lle, gael y droed arall ar y brêc ac efallai mai doeth oedd hynny neu byddai wedi cael ei wasgu'n dynnach fyth.

O'r diwedd dadlwythwyd y llwyth, cafwyd y bocs yn ôl i'w le a daeth y caeth yn rhydd. Yn wyrthiol daeth ato'i hun ar ôl cael lle i anadlu ac ni fu damaid gwaeth, dim ond bod galws ei drowsus wedi torri dan y straen! Nid oedd y *Daimler* fawr gwaeth chwaith, er ei fod yn unllygeidiog bellach gydag aml dolc yma ac acw.

Parhaodd i dwtian o gwmpas y ffald am rai blynyddoedd ar ôl bolltio'r corff fel na fedrai pyrth uffern ei hun ei ryddhau!

* * *

Yn ôl yr Hen Air, gall hanner plant dynion fod yn gall a'r hanner arall yn ffôl. Perthyn i'r ail ddosbarth wnâi fy nhad pan brynodd, rai wythnosau ar ôl saga'r Daimler, gar ail-law ar gyfer yr un diben. Yn gryno (fel hysbyseb gwerthu a phrynu ceir!) dyma'r manylion: 'Vauxhall 14, lliw gwin golau, rhif cofrestru EJ 3779, prynwyd gyntaf yn 1932, gwerth pumpunt ar hugain, cyflwr ardderchog ond...' Nawr, rhaid esbonio ychydig ar yr 'ond...' Ei gyn-berchennog, a'i unig berchennog, oedd J. R. James, bêcer yn Aberystwyth ac ni ŵyr neb, hyd y gwn, sut y daeth y gwerthwr a'r prynwr at ei gilydd. Yn sicr nid mewn tŷ tafarn gan na fynychai'r un o'r ddau le felly, ond os tŷ o gwbl yna mwy na thebyg mai mewn capel, neu yn y mart anifeiliaid y gwelsant ei gilydd. Roedd hi'n amlwg o'r briwsion o dan y sedd gefn fod y car wedi bod yn cario bara, fel y disgwyliech i gar bêcer, ond ni ddisgwyliech i heidiau o lygod bach fyw ynddo. Roeddent wrth eu bodd gyda'r briwsion ond nid hynny'n unig – roedd lledr y sedd ôl wedi bod at eu dant hefyd. Gan fod y merched, sef Mrs James a dwy ferch y bêcer, yn ddigon parod i anwylo cŵn a

233

cheffylau, eto i gyd, roedd cymaint o ofn llygod bach arnynt fel na feiddient fynd yn agos at y car, ddim hyd yn oed pan fyddai wedi cael ei adael ar y ffordd fawr o flaen y tŷ. Doedd ryfedd fod y bêcer am ei waredu am unrhyw bris – a dyna esbonio'r 'ond...'

Ond nid yw hyn yn esbonio pam y prynodd 'Nhad y car yn nechrau 1940. Nid oedd neb â llai o ddiddordeb mewn unrhyw fath o fecanwaith; whilber yn unig oedd man pellaf ei ddiddordeb a'i allu ym myd peirianneg. Fel y bu orau roedd gan yr Athro Diwinyddiaeth yn Ael-y-bryn gar yn union yr un fath ond fod gwisg hwnnw dipyn salach – ond heb lygod. Roedd wedi colli arno'i hun, yn bechadurus felly, pan welodd y car ac yn fwy pechadurus fyth pan ddeallodd y byddai'n cael ei 'sbaddu' (y car, nid yr Athro!) a'i droi'n 'hwfwr-di-hafar, yn ddim na bwch na gafr' o fod yn gar i fod yn lorri o ryw fath. Byddai'n pregethu wrth 'Nhad, 'Ifan Huw, ry'ch chi'n waeth na phechadur, fandal yw peth felly.' Roedd 'Nhad yn deall y 'pechadur' yn iawn ond ni ddeallai'r gair 'fandal' a chredai fod teimlad y proffesor mor gryf nes ei fod yn barod i regi wrth ddadlau achos y Vauxhall!

Daethpwyd i ryw fath o gytundeb, sef – ac roedd hyn o fantais i bawb a ddymunai beidio â chael eu lladd gan y car a'r gyrrwr – mai'r Athro oedd yr unig un i yrru'r car pan fyddai angen ei ddefnyddio. Dim ond pregethwr fyddai'n deall ac yn sylweddoli gwendidau a ffaeleddau rhai dynion oedd ag uchelgais i fod yn yrwyr ceir ond heb y gallu. Byddai ar alwad unrhyw ddiwrnod pe rhoddid gwybod iddo ddiwrnod ynghynt, a hyd yn oed pe byddai creisis, byddai Mrs Williams yn ffonio'r coleg ac fe wnâi ei orau i ateb yr alwad trwy ohirio'i ddarlithoedd. Bu cystal â'i air oherwydd gwyddai nad oedd y perchennog yn ddiogel i yrru ar unrhyw ffordd gart hyd yn oed, nac ychwaith rhwng pedwar clawdd unrhyw gae. Dyma enghraifft o'r gyrru anghyfrifol: bu'r perchennog yn ymarfer mewn cae un diwrnod ac wrth fynd i lawr llechwedd serth cafodd gymaint o ofn fel na wyddai beth i'w wneud. Yn ei banig roedd wedi gwasgu'r clytsh a'r sbardun i'r gwaelod. Wrth i gyd-etifedd y farwolaeth oedd i ddod ei annog uwchlaw rhu'r peiriant i roi ei droed ar y brêc, yr ateb a gafwyd oedd nad oedd ganddo'r un droed sbâr i wneud hynny!

Aml i dro pan fyddai'n dod i nôl ei sigaréts byddai'r Athro'n gofyn, 'Ifan Huw, beth fydd y gorchwyl nesaf lle bydd eisiau'r car?' Anodd fyddai ei ateb gyda gwybodaeth fanwl gan fod y gwaith yn aml yn dibynnu ar ansawdd y tymor a'r tywydd. Yn ddieithriad, ar ôl derbyn ateb amhendant, byddai'n rhybuddio nad oedd neb yng Nghornelofan, a phwysleisiai'r enw, yn deilwng nac yn abl i yrru'r car. Does neb gwell na phregethwr am adnabod gwendidau dynolryw!

Droeon daeth adref o'r coleg ar frys i ateb yr alwad ac yn syth i'r car yn ei siwt ddu a'i goler pregethwr, boed yn ddiwrnod cario dom neu'n gynaeafu gwair. Un gyda'r hwyr yn niwedd yr haf, cofiodd yn sydyn ei fod i bregethu mewn cyfarfod diolchgarwch mewn capel lleol ac aeth yno'n syth o'r cae llafur heb ymolchi na newid ei ddillad oherwydd prinder amser.

Bu holi mawr pryd fyddai'n dymor lladd gwair. Roedd injan dorri gwair y Brynda wedi cael ei haddasu i'w thynnu gan dractor a bodlonwyd i gael ei benthyg i'w rhoi y tu ôl i'r Vauxhall. Roedd yr Athro'n rhan o'r trefniadau a rhybuddiai'n gyson am roi gwybod iddo pan wawriai'r dydd. Un hwyr fore daeth yr haul allan o'i guddfan a phenderfynwyd ei bod yn addas i ddechrau lladd gwair. Ar ôl ffonio daeth y gyrrwr swyddogol adref o'r coleg a bachwyd y peiriant lladd gwair wrth gynffon y Vauxhall. Dafydd Griffiths, yr hen sowldiwr a oedd yn was yn y Brynda oedd i fod ar sedd y peiriant i weithio'r pedalau a'r lifers. Wedi rhoi ar ddeall i'r gyrrwr mai mynd o gwmpas y cae oedd y gorchwyl, gan gadw rhyw lathen oddi wrth y clawdd, dechreuwyd yn ddigon hamddenol gyda'r Vauxhall yn tynnu a Dafydd yn tynnu'r un mor hamddenol ar ei bibell. Ar ôl mynd heibio i'r cornel cyntaf â'r Vauxhall yn mynd ar ei ben i waered, newidiodd y gyrrwr y gêr, fel roedd yn briodol i un na wyddai mai araf bach y mae lladd gwair. Roedd hi'n amlwg fod y gyrrwr yn mwynhau ei hun ac felly heb glywed y gweiddi o'r cefn. Roedd y car yn ddigon cryf i fynd i gêr uwch ac felly y bu, gyda'r gyrrwr yn canolbwyntio'n llwyr ar gadw llathen o'r clawdd, a Dafydd yn canolbwyntio'n fwy fyth ar aros yn y sedd a chadw'i bibell yn ei geg gan fod honno'n mynd i fyny ac i lawr fel cynffon sigl-i-gwt. Ni chroesodd feddwl y pregethwr sasiwn y byddai'n mynd i uffern ar ei ben y munud y byddai'n aros. Gwnaeth hynny pan gyrhaeddodd y man lle bu'r dechrau, gan agor y ffenestr a gofyn yn hyderus a oedd popeth yn iawn. Roedd Dafydd yn dawnsio wrth ddrws y car ac yn gwneud am ei dagu, ei gap wedi ei daflu i'r clawdd yn ei dymer ac yn gweiddi, 'Cymerwch hi'n ara bach y diawl, coleg myn uffern i!'

Dysgodd hyd yn oed y proffesor wers y geiriau mawr y prynhawn hwnnw a chafwyd heddwch a hyd yn oed ganmoliaeth am yr awr nesaf. Erbyn canol y prynhawn, a hanner y cae wedi ei hanner torri, cofiodd yr injan am y cam-drin a fu arni awr ynghynt ac ildiodd ei hysbryd. Bu'n rhaid gorffen gwaith y dydd mewn siomedigaeth a thipyn o ofid oherwydd nid da oedd colli'r un awr o waith adeg y cynhaeaf gwair.

Erbyn amser swper cafwyd gwybod bod injan yr un fath ar fferm ryw ddwy filltir i ffwrdd yn Llanddeiniol a bod rhwydd hynt i fynd ag unrhyw ddarn oddi arni. Amser gwael i gael gwybodaeth o'r fath oedd amser swper gan y byddai nifer o fechgyn wedi dod i gael eu ffags yr amser hwn ac yn barod, fel ci hela da, i ffroeni tipyn o hwyl. Buan, er eu lles a'u hwyl, y dechreuwyd ein hannog i fynd i nôl y darn angenrheidiol i'r injan y noson honno a phwysleisient y byddai hyn yn arbed amser fore trannoeth. Byddent hefyd yn barod i roi unrhyw help llaw pe bai angen, yn enwedig os byddai i rywbeth fynd o chwith. Roeddent hefyd yn benderfynol nad oedd angen y pregethwr i yrru – byddai 'Nhad yn ddigon da gan na chodai unrhyw broblem wrth yrru ar hyd y ffordd gefn, allan o sylw pawb. Byddai cael y pregethwr wrth law yn lladd llawer o'r hwyl a byddai angen bod yn ofalus o'r 'Gymraeg'!

Yn sŵn yr ymresymu synhwyrol hwn i achub amser ac i gael help, gwanhaodd penderfyniad y perchennog ac er nad oedd wedi gyrru ond ambell dro o gwmpas y cae ac i lawr llechwedd unwaith, fel y cofiai'n dda, teimlai'n hyderus yn y cwmni. I fod yn deg â'r Athro meddyliodd, roedd yn siŵr fod gan hwnnw waith coleg i'w wneud gyda'r nos ac felly gwell rhoi llonyddwch iddo. Daeth y Vauxhall allan o'i gwt a chyn iddo aros roedd llond y bocs y tu ôl o eneidiau di-wardd yn barod am hwyl.

Aeth popeth yn hwylus ond araf, nes dod at ddarn hir o ffordd syth. Roedd criw'r bocs cart wedi dechrau cael digon ar y trip malwodaidd ac wrth weld y ffordd yn ymestyn o'u blaenau dyma ddechrau hysian y gyrrwr i roi ei droed i lawr. Yn y sŵn a'r chwifio capiau ac wedi i'r gyrrwr ennill tipyn o hyder, dyna'n union beth ddigwyddodd.

Ym mhen draw'r darn syth roedd tyddyn bach lle trigai Twm a Jên Ann ei wraig a'r plant, ac fel y digwyddodd y noson honno roedd y ddau wedi bod yn nôl siwrnai o ddŵr o'r ffynnon ryw ganllath o'r tŷ. Roedd siwrnai o ddŵr yn golygu bwcedaid ym mhob llaw ond roedd hon yn siwrnai fawr. Cariai Jên Ann fwcedaid o ddŵr yn ei llaw chwith tra cariai Twm yr un peth yn ei law dde ond rhwng y ddau roedd llond padell olchi dillad o ddŵr. Roedd eu baich yn llanw'r ffordd, o glawdd i glawdd.

Tynnwyd eu sylw gan y cerbyd oedd yn igam-ogamu ei ffordd yn swnllyd tuag atynt yn y pellter ond gan eu bod o fewn rhai llathenni i'r tŷ tybient y byddai'r gyrrwr yn aros iddynt gyrraedd eu noddfa. Ond nid felly y bu. Ar yr eiliad olaf sylweddolodd y ddau fod angau ar ddod. Neidiodd Jên Ann am y clawdd chwith yn wlyb diferu o gynnwys y bwced a bu golchad Twm yr un peth yn y clawdd ar yr ochr dde. Gadawyd y badell i siawnsio'i lwc ar ganol y ffordd. Gan fod angen rhai eiliadau, wel munudau bron, i'r gyrrwr ganolbwyntio ar aros, aeth y badell yn ddau ddwbl a phlet o dan du blaen y car nes rhychu'r ffordd am lathenni. Pan ddaeth Twm ato'i hun dechreuodd bledio'i achos a hawlio tâl am y badell ond yr unig ateb a gafodd oedd, 'Twm, mae'n rhaid i chi fod yn fwy gofalus o'r traffig ar y ffordd, a chilio pan fydd rhywbeth yn dod!' ac eiliwyd y cyfan gan griw'r gart rhwng aml i bwt o chwerthin.

Talwyd am y badell olchi a derbyniwyd pregeth pan ddaeth y pregethwr i wybod, gan fod un o'r bechgyn wedi adrodd y stori wrth y forwyn un noson o garu a honno wedi mynd â'r stori adref.

Do, bu helyntion y Vauxhall yn ddihareb yn yr ardal, yn enwedig pan fu'n rhaid i Jac y Bws adael ei sedd gyffyrddus a neidio i mewn i sedd y car i symud y llwyth o ddom o ganol y ffordd. Yr un pryd rhoddodd wers i'r gyrrwr dros dro pan ddadleuai hwnnw mai'r gêr uchaf oedd ei hangen pan fyddai llwyth ar y gart yn y cefn a'r gêr isaf pan fyddai'r gart yn wag!

Symudodd yr Athro yn ei ôl i'r dref pan gafodd ei benodi'n brifathro'r coleg a bu'n rhaid gwerthu'r car er diogelwch dyn ac anifail. Prynwyd ef gan ddyn o Bencader a phwy a ŵyr na fu gorfoleddu tawel yn ardal Cornelofan pan glywyd y newyddion. Ond buom ar ein colled o lawer cymwynas ar ei ôl, gan ein bod yn ystod y rhyfel yn derbyn cwpons petrol ar gyfer y car ond heb ddefnyddio eu hanner. Roedd aml un, o'r ychydig a berchnogai geir yn yr ardal yr amser hynny, yn barod iawn i wneud unrhyw beth am gwpon petrol.

* * *

Roedd arlliw o ddiwygiad dechrau'r ganrif yn dal yn yr ardaloedd gwledig hyn ac yn dod i'r brig tua chanol Mehefin. Yng nghyfnod y berw mawr hwn dechreuwyd

cynnal cyfarfod gweddi agored ar lethrau'r Mynydd
Bach ym mhen uchaf y plwyf. Cyfarfod y prynhawn a
chyfarfod yr hwyr fyddai'r drefn, er y cynhelid cyfarfod
mwy sidêt yn y capel yn y bore. Roedd y gynulleidfa, yn
aml yn gannoedd, yn eistedd ar ochr y mynydd yn
wynebu dwy gambo oedd wedi eu gosod din-wrth-din
ar dir ychydig mwy gwastad yn is i lawr. Dyma'r 'sêt
fawr' gyda mainc neu ddwy i 'flaenoriaid y carnifal'.
Egin y diwygiad oedd blaenffrwyth y cyfarfod a
'phechaduriaid' y cyffro hwnnw, yn ôl eu disgrifiad hwy
eu hunain, oedd yr hoelion wyth. Cofir yn dda am
Jones Maen-elin, Hannah a Morgan Evans Tan-glogau
a Phregethwr y Dŵr – Evan Edwards y Bedyddiwr
gyda'i farf Abrahamaidd – ac un neu ddau arall yn
ddeiliaid y gambo. Pob un ohonynt yn danllyd iawn
drwy'r flwyddyn ond yn dân gwyllt a sbarciai'n
wreichion ar ddiwrnod Cwrdd y Mynydd. Y rhain oedd
'*under the influence*' ac yn cael eu 'ffics' blynyddol yma
yn yr awyr iach; 'jyncis' yr Ysbryd Glân – ond na
fydded i neb amau didwylledd hen batriarchiaid tir y
llannau lleol a Phentecostiaid tanddaear glofaol
Rhydaman bell.

I'r ardaloedd cyfagos roedd y diwrnod hwn yn
wyliau. Caeid yr ysgolion am y prynhawn a thyrrai
pawb am y mynydd – rhai nid yn gymaint am y
sylwedd ond o ran chwilfrydedd. Byddai rhai o blant
ysgolion y cylch wedi dod â'u tocyn ysgol ganddynt i

fwynhau picnic ar y mynydd ac i wneud ffrindiau, neu fel arall, gyda phlant rhyw ysgol arall. Syrcas flynyddol i'r rhai mwyaf di-barch.

Roedd dechrau cyfarfod y prynhawn a'r nos yn ddigon tawel a threfnus (doedd dim toriad pendant rhwng y cyfarfodydd gan ei bod yn anodd rhoi corcyn ar y *fizz*!). Darlleniad ac emyn cyfarwydd, un o emynau'r Diwygiad yn sicr a hwnnw ar y cof, gan un o 'flaenoriaid y gambo' ond wedi i hwnnw fynd i weddi, yn ddwys ac ar ei liniau, dechreuai randibŵ yr Ysbryd dorri allan yn 'Haleliwia' a 'Diolch Iddo' fel rhyw gytgan ddolefus yn cyniwair drwy'r gynulleidfa. Byddai hwnnw'n cyrraedd rhyw gorws *double forte* mewn munud neu ddwy nes boddi gweddïwr y gambo. Eisteddai'r rhan fwyaf o'r gynulleidfa o flaen y gamboaid dystion yn eu dillad dydd Sul i ddangos parch. Byddai'r gwragedd yn eu hetiau mawrion a'r dynion yn eu bowleri a fyddai'n cael eu taflu i'r awyr iach gan rai o bryd i'w gilydd ym medd-dod eu gorfoledd. Y rhain oedd 'hwdis' parchus canol y ganrif?

Fel desgant i'r 'Haleliwia' deuai nodau am 'achub hen rebel' o un cyfeiriad i'r dorf a seiniau am 'gariad fel y moroedd' o gyfeiriad arall. Roedd rhai ar eu traed yn cystadlu'n answyddogol gyda'r gweddïwyr 'swyddogol' a'r cyfan yn Dŵr Babel y Mynydd Bach. Yna, gyda'r cleimacs yn atsain yn garreg ateb o'r creigiau o gwmpas byddai pethau'n graddol dawelu fel pibau'n colli eu gwynt. Byddai rhyw drefn Fethodistaidd yn disgyn ar y gynulleidfa. Gwelid rhywun ar ei draed yn ymlwybro trwy'r gynulleidfa at y gambo ac yn sefyll arni i ddweud ei brofiad, cyn gorffen yn apelgar gydag anogaeth ar i bawb fod yn ddisgyblion ac yn ddilynwyr ffyddlon i'w Gwaredwr. Cyn iddo orffen byddai'r Ysbryd yn cyniwair eto a'r cyffro i'w deimlo'n trydaneiddio rhan o'r gynulleidfa. Tŵr Babell arall! Un gair – popeth yn wenfflam; gair arall – goslef bron at ddagrau. Fel yna, o un don o tswnami i don arall yr âi pethau'n eu blaen trwy'r prynhawn a'r hwyr, yn ddi-drefn, ddirybudd ac yn fyrfyfyr.

A beth am y dyrfa oedd yn eistedd neu'n sefyll o gwmpas? Wel, mae'n rhaid cyfaddef fod nifer ohonynt yno i weld y 'sioe'. Sioe y byddent yn edrych ymlaen at ei gweld o flwyddyn i flwyddyn. Siom fawr a geid pe byddai'r tywydd yn wlyb a'r cyfarfod yn cael ei gynnal yn y capel. Ni fyddai'r 'sioe' cystal oherwydd byddai'r 'tân' wedi ei gaethiwo ac yn stêm i gyd rhwng pedair wal. Byddai ambell un yn sefyll o hirbell rhag dal y dwymyn ac yn ceisio cael cip trwy'r drws agored neu trwy niwl ambell bâm ffenest.

Diddorol fyddai gwybod sawl mab a merch ddaeth yn ŵr a gwraig ar ôl cyfarfod yng ngolau dydd yng Nghwrdd y Mynydd. Mewn eisteddfod neu gyngerdd, gyrfa chwist neu glwb ffermwyr y byddai'r rhan fwyaf yn cyfarfod wedi nos ond o gyfarfod ar y mynydd – ac roedd hyn yn beth digon cyffredin – byddai'r cyfan yn amlwg i'r cyhoedd, yn llygad goleuni, o'r dechrau. Byddai un hen gymeriad, er yn ddi-briod, yn taeru fod priodasau'n blodeuo'n well pan fyddai'r ddau wedi bod yn caru rhyw gymaint yng ngolau dydd!

Mae rhyw lun o gyfarfod, er yn dra gwahanol bellach, yn para, er mai traddodiad yw'r symbyliad bellach. Ond o gerdded yn dawel bach ac yn yr ysbryd iawn heibio i'r llecyn ar y mynydd, mae'n siŵr y clywir ambell 'Haleliwia' wrth roi clust wrth ddarn o graig, a 'Diolch Iddo' o dan ambell i dywarchen, a chri 'pechaduriaid' Cyfarfod Gweddi'r Mynydd Bach i'w clywed wrth i 'Awel o Galfaria fryn' suo grug y llethrau. (Os am ragor o wybodaeth am y cyfarfod rhyfedd hwn, gweler *Dyddiau Cŵn* gan Idris Morgan, Gwasg Carreg Gwalch.)

Amser i dynnu ymaith yr hyn a blannwyd

Daeth yn amser i dynnu ymaith yr hyn a blannwyd. Cydiwyd maes wrth faes a daeth yr hen ddull o amaethu i ben. Defaid a gwartheg stôr yw'r boddhad bellach heb na chlawdd na ffens o derfyn i derfyn. Anghofiwyd am gylch cnydio, rhywbeth a fu'n rhan o drefniant ffermio drwy'r oesoedd. Pa angen bellach pan brynir llaeth a thatw dros gownter archfarchnad a 'chae stwmp' Jim bach yn ddim ond atgof? Rhywbeth ar restr geirfa amgueddfa bellach yw gwas a morwyn; a hithau'r wraig a fu gynt yn ei ffedog fras, bellach yn ei dillad crand yn swyddfeydd y dref. Mae'n wir fod aml i ffermwr yn ffermio'n rhan amser, rhyw awr nos a bore, ond bydd ei ddydd ar ei hyd mewn gwaith arall.

Aeth y stand laeth a'i diwylliant yn destun llun mewn blog hysbysebu gwyliau, yn un o henebion y gorffennol. Daeth y tancer llaeth i ledu ffyrdd a chorneli culion heolydd cefn gwlad ar ei thaith wythnosol a Rhys John â'i lorri laeth yn ddim mwy na dihareb wrth sgubo popeth o'i flaen. Segur bellach yw dyn yr hewl â'i stori-dal-pen-rheswm i bawb a âi heibio. Aeth rhigymwyr caeadau'r tsiyrns llaeth trwy amgenach ymryson, a'r rhigymwyr newydd, ar ôl cael eu cyfle, yn wŷr masnach, athrawon ysgol a choleg. Mae'r ciosg yn harddu lawnt stablau Sal Abernant, neu'r Brookside fel y dywed yr arwydd ar bost-pen-ceffyl y gât haearn, a'r cae gwair pispot yn sarn dan draed ceffylau plant tingron ysgol fonedd y deiliaid newydd. Aeth y mân beswch gydag Elen i'w bedd – ond nid cyn iddi groesi ei deg a phedwar ugain – a deil dywediad yr hen ffermwr wrth Moss i dynnu deigryn o lygad ambell un a gofia'r hanes.

Daeth y teledu i gymryd lle eisteddfod a chwrdd bach. Pa eisiau cyngerdd neu ddarlith bellach mewn festri neu neuadd oer a gwell ar gael o flaen y tân yn y stafell orau, lle gynt roedd cegin fferm? A'r oedfaon – rhywbeth yw'r rhain i ddiddori hen bobl, yn warant iddynt i ryw fyd arall dychmygol. Difugail yw pob Seion, y man cyfarfod gynt i'r ieuenctid am nad oedd dim arall i'w wneud nac unman i fynd iddo. Pwyliaid

sydd yn y tŷ capel a phregethwyr cynorthwyol â blys
am eu cildwrn sy'n cynnal gwasanaeth unwaith y mis
yn ystod misoedd yr haf. Dibechod pawb bellach; pawb
yn byw 'ynghanol y goleuni' heb angen Cyfarfod
Gweddi'r Mynydd i erfyn am faddeuant!

Daeth acenion dieithr i'r fro, acenion trefi mawr
dros y ffin â'u diwylliant seciwlar. Nid yn unig yr iaith a
newidiwyd ond ffordd cymdogaeth dda o fyw, a ffordd
o ymddwyn wrth ddyn ac anifail. Gwelwyd enwau
dieithr ar ben ffordd tŷ a thyddyn, mewn papur lleol ac
yn amlach mewn llys barn. Caewyd siop ac ysgol, capel
ac eglwys, a chrebachwyd y diwylliant lleol yn ddim
ond sborion i griw bach truenus, heb ddyfodol, sy'n
cyfarfod ambell brynhawn oherwydd y perygl a ddaw
wedi nos.

Ni redir y cŵn cadnoid mewn chwarae plant ysgol
nac mewn helwriaeth, nac ychwaith y gêm o 'sgaru' i
sgraffinio pengliniau'r plant llai. Chwaraeon digidol
bellach yw blys plant ysgol, llwyd eu bochau, llawn
bloneg o fwydach archfarchnad y Gymru fodern. Di-
ford y gegin, heb ei hulio, gyda dim ond archwaeth
bellach at bryd pen tân o flaen y bocs wrth fagu plant
heb gyfrwng iaith mewn distawrwydd diymgom. Nid
ar dafod mae iaith bellach ond geiriau blaen bysedd ar
ffôn boced, yn dyst o gyswllt amhersonol.

'Hyn oll a welais i ... canys y mae amser a barn i bob
amcan,' medd y Pregethwr.

Cyfrol arall gan Wil Griffiths:
Dyn y Mêl
Llyfrau Llafar Gwlad 79 £6.50